公募 REITs 投资指南

MAKING YOUR MILLIONS IN REITs

[新加坡]叶忠英（Gabriel Yap） 著　　王刚　高茜　译

中信出版集团 | 北京

图书在版编目（CIP）数据

公募REITs投资指南/（新加坡）叶忠英著；王刚，高茜译．—北京：中信出版社，2022.1（2022.12重印）
书名原文：Making your millions in REITs：the savvy investor's guide for crazy times
ISBN 978-7-5217-3811-7

Ⅰ.①公… Ⅱ.①叶…②王…③高… Ⅲ.①投资基金－研究 Ⅳ.①F830.91

中国版本图书馆CIP数据核字（2021）第242871号

Making Your Millions in REITs by Gabriel Yap.
Copyright © 2021 Marshall Cavendish International（Asia）Pte Ltd.
All rights reserved. No part of this publication may be reproduced or transmitted in any form or by any means, or stored in any retrieval system of any nature without the prior written permission of Marshall Cavendish International（Asia）Pte Ltd.
Simplified Chinese translation copyright © 2022 by CITIC Press Corporation.
ALL RIGHTS RESERVED.

公募REITs投资指南
著者： ［新加坡］叶忠英
译者： 王刚 高茜
出版发行：中信出版集团股份有限公司
（北京市朝阳区惠新东街甲4号富盛大厦2座 邮编 100029）
承印者：北京诚信伟业印刷有限公司

开本：787mm×1092mm 1/16 印张：16 字数：168千字
版次：2022年1月第1版 印次：2022年12月第2次印刷
京权图字：01-2021-7177 书号：ISBN 978-7-5217-3811-7
定价：65.00元

版权所有·侵权必究
如有印刷、装订问题，本公司负责调换。
服务热线：400-600-8099
投稿邮箱：author@citicpub.com

中文版序一
FORWARD

中国证监会原主席　肖钢

2021年6月21日，上交所和深交所同时举办了规模盛大的首批9只中国公募REITs上市挂牌仪式，中国公募REITs终于正式落地，这是过去10多年来，全行业共同努力结出的硕果。

译者王刚先生在公募REITs上市之际推出这本书，给广大投资者提供了成熟REITs市场的投资经验指导，为持续开展REITs的投资者教育工作贡献了自己的一份力量。

从这本书中，读者能够了解和学习以新加坡为代表的成熟REITs市场的基本情况，全书通过对新冠肺炎疫情对市场造成的影响进行分析，在回顾了新加坡REITs过去10年的市场表现后，为读者提供了REITs这一全新的大众投资金融品种的投资经验借鉴。

REITs的投资者教育工作任重道远，为了让广大投资者能够充分学习和了解REITs，专业的指导资料不可或缺，译者正是及时为投资者带来了这样一部作品。通过阅读此书，投资者对REITs的认识得以不断加深，在充分理解投资REITs的优势与风险的基础上，能够更为广泛地投入REITs市场，进而推动行业不断扩大和发展。

不动产投资信托基金（Real Estate Investment Trusts，简写为 REITs）是发达金融市场的重要金融产品，1960 年诞生于美国，美国政府以联邦立法形式规定了 REITs 的特殊税收实体地位，只要 REITs 分配给投资者的收入达到一定比例（如大于等于 90%），其来自合格不动产资产的收入就可以免税，而投资者则按当年的实际收入状况纳税。REITs 也因此成为政府推动公众投资者参与规模大、期限长的不动产投资而做出的特殊安排。随着 2021 年 6 月 21 日首批 9 个试点 REITs 项目上市挂牌交易，中国也正式成为全球第 41 个拥有公募 REITs 的国家。

从 REITs 的发展历史来看，随着制度的不断优化和完善，REITs 的几个主要特点也在不断进化：首先是 REITs 的底层资产类型不断拓展，从初期的商业地产和住宅，逐渐扩大到以数据中心和通信塔为代表的基础设施类等更多类型；其次是管理模式的不断革新，逐渐细分为外部管理和内部管理模式，公司制和契约制等类型；再次是投资者类型的不断丰富，从普通公众投资者拓展至专业 REITs 投资基金、企业年金、养老金等机构投资者，投资者体系不断健全。

2014 年，以"中信启航"项目为标志，中国的类 REITs（私募 REITs）正式诞生。与公募 REITs 的权益性和标准化的特点相比，类 REITs 更多地体现出债性和非标准化的特点，具体表现为：首先，其基础资产转让的真实性存疑，部分产品实际上存在隐性担保或其他增信手段；其次，产品底层不动产资产不属于《证券法》规定的标准化产品，公募证券投资基金无法投资；再次，受制于私募基金投资者数量的限制，每个产品只能拆分成 200 份，不利于广大投资者参与；最后，发行期限也只能是每 3 年重新续期，不能真正做到永续。

我国公募 REITs 设计的"公募基金 + ABS"结构，是在当前法律法规和税收制度不做调整的情况下做出的相对合理的选择，这种结构尽管行得通，但也存在着诸如结构相对复杂、产品层级多、税收和法律制度未健全等问题需要完善。底层不动产资产有待推进至更广泛的范围，需要各方面共同努力，逐步完善相关法律法规和税收制度，逐步扩大基础资产的类型，通过总结试点经验带动 REITs 行业的进一步发展。

中国资本市场经过 30 余年的改革发展，取得了巨大成就，已经成为全球第二的股票和债券市场，未来公募 REITs 市场发展空间巨大。

从 6 月 21 日首批 9 只公募 REITs 上市至今，二级市场表现整体平稳，除了上市首日 9 只 REITs 全部大涨以及上市次日个别 REITs 出现较大回落，其余交易日大部分公募 REITs 交易情况整体呈现平稳状态，成交量也呈现趋缓态势，换手率由上市首日最高超过 30% 回落到 5% 以内，上市至今的日均换手率已降至 1% 以内。

上市前 3 个月，我们看到以首钢绿能和首创水务为代表的环保类特许经营权项目涨幅最大，累计涨幅均超过了 20%，市场表现优异。

高速公路类特许经营权项目分化较大，浙江杭徽累计上涨 11.67%，而广州广河微跌 0.65%，基本保持在发行价附近，也是 9 个项目中唯一跌破发行价的。

在不动产产权类项目中，产业园项目的代表蛇口产园表现最佳，累计上涨 13.72%，两只物流园区 REITs 普洛斯和盐港 REIT 涨幅均超过 8%，体现了投资者对物流园区资产大类的认可；其余两只产业园 REITs 中，张江 REIT 累计涨幅超过 6%，表现良好，而东吴苏园也上涨 1.57%，同样维持在发行价以上。

上市 3 个月后，9 只试点 REITs 的换手率均趋于稳定，反映出市场对于 REITs 本质特征的高度认同：以持有 REITs 份额并获取稳定分红为基本出发点。

蛇口产园在 9 个项目中日均换手率最高，为 0.69%，其日均振幅也位居第二，达到了 1.17%，体现了投资者对产权类项目的投资热情。

广州广河和浙江杭徽两个收费公路类特许经营权项目的日均换手率最低，均在 0.2% 上下，且日均振幅也最小，均为 0.5%～0.6%，反映了投资者对此类项目稳健现金流带来的可靠分红收益而进行底仓持有的基本配置思路。

我们也欣喜地看到，2021 年 10 月 14 日以建信中关村产业园和国泰君安临港东久智能制造产业园为代表的第二批 REITs 试点项目，已在上交所进入申报受理阶段；同日，华夏越秀高速公路项目也在深交所进入申报受理阶段。

新冠肺炎疫情在全球范围内的暴发和蔓延，对全球金融市场都造成了巨大的冲击。特别是在 2020 年 3 月，以美国股市为代表的国际金融市场连遭重挫。尽管公募 REITs 与股市存在着较低的相关性，但在投资者追求流动性安全的恐慌情绪下，仍不可避免地遭到短期的抛售。然而，由于 REITs 本身在其持有的优质不动产和良好的运营管理下，其价值是有"底部支撑"的，优越的现金流赋予REITs在面临金融危机时坚强的抗压性——全球REITs市场在受疫情影响较弱的物流和数据中心REITs的带领下迅速迎来反弹，部分具有代表性的REITs，如新加坡的吉宝数据中心信托和丰树物流信托等甚至创造了价格新高，可见投资者对优质REITs项目的认可度是非常高的。

从长期看，投资REITs的总回报是可靠和稳定的。以新加坡REITs市场为例，在过去的7年半里，新加坡REITs股价平均收益率为+3.61%，这其中，以新加坡最具实力的凯德、吉宝、丰树、腾飞、星狮（一起简写为"MACFK REITs"）等为代表的原始权益人发起的头部REITs涨幅最多，部分REITs股价涨幅甚至超过100%。可见从长期投资的角度看，持有实力强劲的原始权益人发起的优质REITs，可获得超越市场平均水平的回报。

投资者不应以追涨杀跌的投机心理来炒作REITs，而要理性看待REITs，以长期持有为基本投资理念。

理性投资公募REITs，一个重要的前提是看懂REITs的增长逻辑。REITs的增长分为内生增长和外生增长两种。

内生增长指的是REITs依靠优秀的运营管理，不断挖掘和提升不动产的净现金流收入，进而带动其评估价值的提升，并反映在REITs账面价值和二级市场价格的提升上。

外生增长指的是REITs管理人灵活运用资本市场能力，从原始权益人处以及市场上收购新的优质资产，装入上市REITs平台中，实现REITs管理规模和管理效益的提升，带动REITs分红和股价的双双上涨。

了解了 REITs 的增长逻辑，投资者可以通过遴选优质 REITs 并长期持有，获得和 REITs 的共同成长。

纵观全球 REITs 发展历史，一个好的 REITs 市场，无一例外有着完善的 REITs 制度、专业的市场参与主体、不断创新的 REITs 资产类型，同时投资者教育工作更应当常抓不懈。

同样，中国公募 REITs 的发展也有赖于试点实践过程中监管政策的不断完善、有赖于各主体的积极参与，像以清华大学五道口金融学院不动产金融研究中心为代表的研究机构和以中国 REITs 联盟为代表的行业组织，能够为行业多做贡献。

此次，中国 REITs 联盟王刚先生第二部 REITs 译著的出版，适逢中国公募 REITs 首批试点项目正式挂牌交易之际。这部作品在其前译作《投资 REITs，积累财富》深入剖析与我国 REITs 最为相似的新加坡 REITs 市场的基础上，继续引入成熟市场经验，对我国公募 REITs 二级市场的分析研究很有借鉴意义。期待王刚先生的这本新译作能够帮助广大投资者更加深入理解公募 REITs 二级市场的运行规律，也希望在各方的共同努力下，中国公募 REITs 的发展行稳致远、越来越好！

中文版序二 FORWARD

全联房地产商会创会会长、中国 REITs 联盟名誉会长　聂梅生

REITs 的中文名是不动产投资信托基金，它的逻辑是让专业机构去持有底层不同类型的不动产，然后让投资人去购买在交易所公开上市的 REITs 份额，投资人持有的是 REITs 份额，REITs 本身作为法律载体，代表投资人去投资和管理资产，然后将收益通过分红的形式返还给投资人。

REITs 是 1960 年在美国诞生的一个产品。在中国，经过无数人的持续努力，2021 年公募 REITs 终于开花结果。除现金、债券、股票外，REITs 也被定义为第四类资产，是介于股票和债券之间的一类产品。

REITs 的底层资产主要为不动产产权或特许经营权，其收入有比较清晰的收费或租约支撑，所以也具有较强的分红性，总体来说，REITs 拥有以下五大特性：

1. 投资资产的定向性。REITs 只能投资于具有稳定现金收入的收租型物业，不能投资于其他产业，也不能投资于房地产的开发。

2. 强制分红。按照法律规定，REITs 必须将可分配收益的 90% 在当年分配给投资人。

3. 产品透明，信息披露充分。传统的股票投资、房地产投资对于投资者来说是复杂的、不透明的，需要特别多的基本面研究。而 REITs 作为可公开交易的投资基金，基础资产的运作管理相对单一，信息披露更加充分。

4. 税收优惠。国外成熟的 REITs 市场，鼓励长期持有型的 REITs 投资方式，会给予"Pass Through"，即穿透性税收待遇，从分红到 REITs 管理公司的经营都有相应的税收减免。而在我国，与 REITs 相关的税制优惠安排也在制订计划中。

5. 价值增长。REITs 不是始终局限于初期上市的资产规模，一般来说，REITs 可以通过改善现有物业或购进新物业两种方式来进行增长。前者被称为内生增长，后者被称为外生增长。

从世界范围来看，发达国家，如美国、英国、德国、法国、日本、加拿大、意大利等早就推出了 REITs。目前，世界各地已经有 41 个国家和地区成功推出 REITs，中国就是其中之一。

中国 REITs 的发展进程

中国 REITs 发展的时间并不短暂，第一只纯境内资产的 REIT 是越秀 REIT，2005 年在中国香港上市，也是我国第一只离岸 REIT。

2008 年金融危机前后，我国央行和证监会一直在推动对 REITs 的研究。2014年，中信证券打包了两栋办公楼，发行了"中信启航REITs"，这是中国首只类REITs产品。类REITs是一种有结构化安排的、偏债性的产品，投资人认购的是优先级或夹层级，由原始权益人来持有劣后级，到期后需要赎回，或者续发新产品来承接。

2020年4月30日，中国证监会和国家发改委联合发布了"40号文"——《关于推进基础设施领域不动产投资信托基金（REITs）试点相关工作的通知》，这是中国公募REITs政策诞生的时刻。

2020年8月，发改委制定了REITs申报审批的细则，9月沪深交易所发布了配套文件，公募REITs上市万事俱备。

经过一轮筛选，有将近50只产品参与了国家发改委组织的第一轮答辩。2021年5月，有10只REITs首批正式在交易所申报，最终有9只获批发行，其中上交所5只、深交所4只。

中国公募REITs制度引入了战略配售的概念，类似于香港的股票发行，首先要锁定一些大的战略投资人，认购后份额要锁定一年，且不能参与上市价格的制定。在经过网下机构投资者的询价定价环节后，最后进入面向公众投资者的网上公开发售环节。

中国首批公募REITs项目总发行规模约310亿元，对公众投资者销售的大概有四五十亿元，占比在15%以内，对公众的发售比例相对较少，体现了我们公募REITs试点政策的稳健思路。

中国首批基础设施公募REITs项目介绍

2021年6月21日，中国首批9只公募REITs正式上市交易，首日即实现开门红。当天涨幅最大的是深交所的蛇口产园项目,上交所的项目平均涨幅为 5%～10%。不过在第二个交易日的上午,有几只 REITs 跌破了发行价,这也代表投资人对 REITs 还不是那么熟悉。

从首批 9 个试点项目的资产类型来看,东吴苏园、张江 REIT、蛇口产园等属于产业园类,普洛斯、盐港 REIT 属于仓储物流类,这些都是不动产产权类项目。此外还有首创水务、首钢绿能、广州广河、浙江杭徽这些水务、生物质发电和高速公路特许经营权类项目。特许经营权类项目一般不含不动产产权资产,如高速公路类项目,在经营权期限内收益归属于 REITs,但经营权到期后一般会无偿转交给地方政府。

不动产产权类和特许经营权类项目的估值模式也不一样,不动产产权可以用资本化率的方法去做,但特许经营权只能用折现现金流的方式。

中国基础设施 REITs 政策解读

2021 年 7 月,首批公募 REITs 试点项目顺利上市后,国家发改委发布最新政策"958 号文",在试点区域、试点资产类型等方面对公募 REITs 政策做了总结更新,有力推动了新一轮试点审批工作的开展。

试点区域方面,在原有的长三角、珠三角、京津冀及雄安新区和海南等经济发达地区的基础上,拓展到全国范围,只要是符合条件的项目均可申报,对开展基础设施公募 REITs 的条件进一步放宽。

试点资产类型方面,除了首批试点项目中出现的高速公路、污水处理厂、生物质发电、产业园区、物流园区外，在中央政府"碳达峰、碳中和"的大政策背景下，能源基础设施也纳入了试点范围，风电、光伏、水电、核电等一大批新能源和清洁能源的项目将开展试点。此外，新政策还将REITs试点范围新增至保障性租赁住房，说明政府希望用金融工具来支持和解决年轻人的住房问题。

与此同时，为了应对人口老龄化的局面，养老产业与金融产品的有机结合与同频共振，将成为实施积极应对人口老龄化国家战略攻坚爬坡的重要抓手之一。建立健全养老产业与公募REITs相互融合、良性循环的发展机制，推动二者的相互促进和互利共生，探索并强化二者间的有机结合和联系，打开养老产业与公募REITs协同发展的新格局，推动养老产业投融资市场化、规范化健康发展，有助于实现政策实施、产业发展、金融产品、投资人的多方共赢。

可以预见，在不久的将来，以保障性住房为代表的基础设施公募REITs试点项目将不断涌现，这也必将带动更多类型的收租型物业包括康养不动产迈入公募REITs的试点领域，迎来不动产REITs的快速发展新阶段。

中国公募REITs扬帆起航，行稳致远

中国基础设施公募REITs已经正式扬帆起航，值得庆贺。尽管首批9只试点项目总发行规模只有数百亿元，但乐观地看，在未来3~5年的情况下，中国将有能力冲击建设一个万亿元级的REITs市场，这也将使中国成为世界第二大REITs市场。

公募REITs在中国是个朝阳产业，监管机构也对它寄予了厚望。全联房地产商会作为国内较早推动REITs发展的行业组织，将继续为REITs行业的发展贡献力量，希望中国公募REITs能够结合中国实际，借鉴海内外REITs的先进经验，未来继续蓬勃发展，行稳致远。

本书译者王刚先生在中国REITs领域耕耘多年、硕果累累，是受到高度认可的行业专家。2014年，在全联房地产商会的支持下，以王刚先生担任秘书长的中国REITs联盟正式成立，有力地推动了中国REITs行业的国际交往和发展。

在中国公募REITs正式落地之际，王刚先生再次引进和翻译新作《公募REITs投资指南》，为后新冠疫情时代的广大投资者带来了以新加坡REITs市场为代表的成熟投资心得和理念，这将能够助力中国广大投资者更好地认识REITs、理解REITs，从而更为理性地参与到中国REITs的投资中去，以实现"投资REITs，积累财富"这样一个美好的目标。

祝王刚先生的这本译著被广大读者所喜爱，也祝中国REITs市场发展得越来越好！

中文版序三
FORWARD

北京华联商业信托管理有限公司首席执行官　陈懿璘

我谨代表REITs行业的同行和合作伙伴，对Gabriel和Fred推出的这部杰作表示感谢。在过去的几年里，两位都投入了大量的时间和精力致力于REITs行业在亚洲的普及教育。

Gabriel（叶忠英），无疑是最具标志性的REITs行业拥护者、教育者和投资者之一。年轻时，他是杰出的股票经纪人和银行家，至今，他已讲学30余年，并常常与大家分享他对获得稳定的退休收入的看法。他被称为新加坡本土的"REITs大师"。他那充满活力的演讲风格，加上敏锐的视角，时常能为他的听众提供简明且丰富的关于各类投资主题的见解。凭借丰富的投资经验，他指引了许多机构和个人投资者的投资之旅。众所周知，Gabriel在40岁出头的年纪选择退休，并致力于慈善和教育事业，他的个人成就激励了许多人。

Fred（王刚），作为中国REITs联盟的秘书长，为REITs行业在中国的普及教育做出了巨大的贡献。从通用电气资本到华平投资以及中信证券，他在过去的20年中一直身处于房地产开发金融、不动产收购和资产管理的核心，在为REITs投资者、潜在发行人以及行业专业人士举办的无数场教育活动中无私地分享着他渊博的行业知识。Fred 不仅是 REITs 的主要倡导者，而且他与中国 REITs 联盟也在中国 REITs 的制度形成中扮演着重要角色。他带头推进中国的 REITs 从业人士与欧美成熟 REITs 市场进行了多次深入的互动，通过 Fred 及同行在 REITs 领域多年的努力，中国 REITs 的相关制度和产品于 2021 年 6 月正式成功启动。

作为北京华联商业信托，也是首只由中国发起人成立的新加坡 REIT 的一员，能与两位资深的 REITs 教育者会面并聆听他们新颖的观点，我感到非常荣幸。在这本书中，Gabriel 讲述了许多适时且紧密相关的投资方法。同时他身为一名热切的投资者，时常以"言出必行"的实际行动来提供他对一系列主题的宝贵分析。

祝各位读者阅读愉快，愿你们在此 REITs 教育之旅中有所收获，并在日后的投资中取得成功！

原版序言 FORWARD

"REITs 大师"应该是叶忠英最合适的称号。我第一次遇见他是在我成为易商红木信托（ESR-REIT）的首席执行官以后。他在那次谈话中给我和我的团队留下了深刻印象，因为很少有人敢于像他那样问一些富有批判性的、尖锐且令人深思的问题。从那以后我和叶忠英的每次谈话都让我深受启发，我总是可以从他的角度了解到他对事物的洞见，这不仅可以帮助我与投资者进行交流和沟通，也对我和我的团队制定易商红木信托的战略方针大有益处。

我总是惊异于他能够在教授学员的时候把投资讲得简单而且有趣。他总是能够把复杂的交易拆解为简单的、连外行人都容易理解的情形，更重要的是，他能教会他们适时地抓住机会执行交易。尽管日程繁忙，叶忠英也总是找时间与人联系，定期发送他读到的那些让我们也觉得很有见地的文章。他是一个真正尽职的投资教育者。

多年来，众多分析师、投资者和专家已经发表和出版了无数关于 REITs 投资的文章、博客、播客和图书，但很少有人能保证实际有用，更很少有人能够主张长期理性的投资，所以你可以从叶忠英这里学到下面三样东西。

投资旅程充满迂回曲折

你从叶忠英这里学习到的第一件事当然是为什么要选择 REITs。很多投资者希望在投资组合里兼顾价值与成长，他们选择把资金投入波动相对小的 REITs，因为大家认为 REITs 能够产生稳定的收入和长期资本利得。但是现在投资者在投资过程中会面临一个障碍：新冠肺炎疫情正在摧毁全球市场，在这样一个前所未见的全球混乱局面里，我们该怎样评估 REITs 投资？该怎样确定哪些 REITs 值得投资呢？

新冠疫情已经改写了房地产规则。投资者被迫接受现实，生意很难快速回到疫情以前的正常状态。人们很焦虑，购物、工作、休闲是否还能像以前一样？疫情消退后租户有没有能力继续维持运营？这些问题沉重地压在每个人的心头，可能会促使投资者在投资过程中更加谨慎和敏感。有些人会把资金从风险较高的资产中撤离，有些人则偏好捡便宜，这也使得叶忠英的 REITs 投资框架变得非常有用。它足够灵活，即便在不断变化的市场动态里，抑或是不断变化的风险偏好中，人们也随时可以使用它。这个框架强调预先准备面对风险，这就意味着在 REITs 投资里要分散投资。

基本面很重要

此次疫情通过凸显企业长期忽视和疏漏的基本面结构性缺陷，向人们揭示出商业的可持续性问题。健康指标良好的公司更有可能抵御全球经济形势变化带来的冲击，这些指标包括强劲的运营、资产负债表指标、多元化投资组合、稳健的资本结构和良好的管理团队。这些同样适用于REITs。在这本书里，叶忠英提供了几种REITs的估值方法，投资者可以通过这些方法从一开始就过滤掉基本面不佳的高风险REITs，从而显著降低投资风险。

寻找机会

在新冠病毒感染人数开始攀升之前，有些趋势就已经在市场上出现了，而新冠疫情进一步加速了这些趋势，其中最显著的就是电子商务的增长。科技颠覆了全球房地产市场，网上购物对物流仓储和数据中心来说是一个福音。不断演变的消费者行为让工业REITs的物业组合变得更具防御性，也因此改变了投资者对工业REITs的看法。危机时期往往也给投资者提供了绝佳的盈利机会，而当今的REITs市场则是最好的教室。

叶忠英勇于从投资社区带来各种思潮，并向我们这些REITs管理人提出棘手的问题，这是他最令人钦佩的品质。正因为由这样稀有的脚踏实地并成功实践的REITs倡导者出品，这本书才更能带给读者思考和启发。

我希望你会像我一样欣赏他的独到见解。

徐伟贤（Adrian Chui）
易商红木基金管理有限责任公司首席执行官、执行董事

前言 PREFACE

在经历过1987—1989年股市崩盘、1997—1998年亚洲金融危机、互联网泡沫和2007—2009年全球经济危机之后,我清楚地看到大学里是怎样教金融与投资的,聪明的投资者在心理、认知以及必要的财务技能方面需要什么样的信息储备。这些会给投资者造成巨大的财富差异,你要么被危机打败,要么抓住机会成为百万富翁。

我一直都很幸运,在过去的危机和REITs中赚了很多钱,以至于我40岁出头就退休了。我一直在以教书的形式作为回馈,而且从2010年开始,我一直把来自教学收入的一部分捐赠给各个慈善机构。经过31年的教学实践,现在有8 000多名来自亚洲各地的投资者学习我们定期开设的REITs投资技术课程。

我写这本书就是要概括总结我一直教授的内容,那就是在危机时刻要敢于下大赌注,通过REITs、科技和颠覆创新的股票来让你的财富翻倍。在这本书里,就像在我们的投资课上,我们专注于讲授怎样投资REITs让你积累财富,以及怎样保护和增加你的财富,在疫情造成REITs和资本市场摇摇欲坠的情况下,这些知识更有价值。这次的暴跌足以称为史上最严重的几次暴跌之一，但是每次危机都为 REITs 投资者创造了新的机会来创造新的财富，前提是你要知道该怎么做。这本书就是要深入讨论这些内容。

不管你是初入 REITs 世界的新手还是成熟的投资者，通过本书你都会加深认识，并且对 REITs 投资战略和战术配置随市场改变而改变有更深入的了解。

首次接触或初级 REITs 投资者会受益于本书的条理性，因为本书用很多通俗易懂的术语来深入解释问题，针对不同级别的 REITs 投资并提供了实际案例。它清楚地教会读者怎样用不同的方法来分析 REITs，以保护和增加自己的财富。

为了给资深的投资者一些诀窍，我在这本书里热情地分享了怎样经受住利率的变化无常带给 REITs 市场的涨跌，以及预期和突发事件如何带动 REITs 市场的变化。我也将我自己的亲身经历融入书中，比如我是怎样建仓一些 REITs 并成为星狮地产信托二十大股东之一的。

我很兴奋地看到 REITs 在新加坡、印度和中国发展的远大未来，因此书里有一个详尽的篇幅讲述新加坡 REITs 市场发展的几个阶段，其成长的阵痛就像孩子的成长过程一样自然。聪明的投资者将知道如何最好地利用市场起伏来实现最终的成功。

本书会指导读者在 REITs 市场发展的过程中应该注意什么。如 REITs 之间的合并，或是通过购买本地或海外资产来获得地理优势等方面的问题，借助实际交易案例来说明，并且用我提供的模板来分析和审查交易的好坏。

这本书还将描述我寻找卖出信号的具体细节，这些卖出信号使得我在REITs价格出现大跌之前就出售了我的REITs战略持仓。它不仅教投资者在什么时候买什么，而且传授了更重要的技能，那就是获利了结和止损出局。

如果过去是未来的序幕，本书将会很好地指导聪明的REITs投资者怎样保持敏锐和聪慧，并且继续在REITs上赚钱。

叶忠英

目录 CONTENTS

1   第一章   REITs 如何让你成为百万富翁

3   什么是 REITs？

4   REITs 的起源

7   REITs 在亚洲腾飞

8   REITs 在新加坡腾飞

12   REITs 与房地产投资

13   REITs 从行业创始以来的总收益

14   最初 10 年上市的新加坡 REITs 的总收益

19   新加坡 REITs 最近 10 年的年化总收益

20   最近 10 年上市的新加坡 REITs 的总收益

27   第二章   聪明的 REITs 投资者应该从疫情导致的危机中吸取什么教训

31   REITs 股息的安全性

33   创造财富的关键是选对行业板块和 REITs

45   掌握恐慌心理学

46	危机时刻 REITs 不是分散风险的好工具	
48	黎明前的夜色最黑暗	
49	总结	
51	第三章	为什么你应该在投资组合里持有 REITs
54	股息	
55	总收益	
56	流动性	
57	分散投资组合	
59	对冲通胀	
61	财富多样化工具	
63	透明的公司结构	
65	第四章	如何评估 REITs 的业绩表现
68	运营损益指标	
85	运营资产负债表的相关指标	
93	第五章	你应该花多少钱来买入 REITs
96	基于收益率的估值方法	
99	市净率（P/BV）或价格/资产净值（P/NAV）	
104	股息贴现模型（DDM）	
105	资本化率模型（Cap Rate）	
107	贴现现金流模型（DCF）	

108 重置成本法

111 可比销售法

115 **第六章　　投资 REITs 的风险**

118 再融资风险

121 利率风险

124 过度依赖资本市场

134 收入风险

135 集中度风险

136 流动性风险

141 **第七章　　投资者如何与 REITs 一起成长**

144 内生增长

156 外延增长

161 **第八章　　如何分析 REITs 的收购**

164 2019 年的 REITs 收购

166 案例研究：吉宝数据中心信托成功的 REITs 收购

176 展望未来的 REITs 收购

179 **第九章　　我是怎样通过投资 REITs 实现财务自由的**

182 市场会提供价值机会，但投资者需要知道什么时候才能抓住它

185	REITs 的好坏和其拥有的资产一样
188	REITs 的价值 = 持有的资产价值 +／- 发起人的价值
191	评估管理能力——坚持做定性研究的艺术
193	REITs 的成功收购——股价表现优异的核心
194	什么时候卖出 REITs？

199	**第十章**	**新冠疫情过后 REITs 的潜力**
202	印度	
204	菲律宾	
205	中国香港	
206	中国内地	
208	新加坡	
209	REITs 的未来	
211	总结	

213	**附录**	**新加坡 REITs 列表（共 42 只）**

217	致谢
219	免责声明
221	译者后记

第一章

REITs 如何让你成为百万富翁

什么是 REITs？

REITs（不动产投资信托基金）是一种通过投资和持有拥有租金收入的房地产物业来获取收入的公司实体。因此，REITs 投资者实际上在 REITs 持有的物业里持有股份。REITs 收益凭证可以像股票或权证一样在股票市场上交易，方便投资者进行买卖和交易。

REITs 是一种集合投资计划，投资于能够产生租金收入的房地产物业组合，如商业购物中心、写字楼、医院、疗养院、工业物业、数据中心、酒店和服务式公寓等。设立 REITs 的目的通常是为凭证持有人获取租金收入。大多数 REITs 法律和条例试图确保 REITs 的收入有稳定的来源，不会大幅波动。在 REITs 层面，如果能够将 90% 的应税收益作为股息发放给凭证持有人，REITs 就可以享受税收穿透。

许多投资者购买 REITs 主要是为了获取有吸引力的股息收益，它通常会比政府债券或其他房地产投资收益率高，有很好的利差。大多数投资者一旦积累了足够的资金和财富，更青睐于直接投资房地产，这一特征在亚洲尤其显著。过去 31 年里我一直在教课，这一点在我与所教的众多投资者学生的交流中得以证实。

作为 REITs 凭证持有人，投资者参与分享 REITs 所持有的房地产物业组合的收益和风险。这些物业定期分配收益，通常每季度或每半年一次。REITs 能够拥有稳定的现金流是因为其收入来自租金，而租金收入是依据租赁合同中约定的租金和租赁期限而确定的，而且这些租赁合同具有法定约束力。当然，新冠肺炎疫情打破了大家长期认为的 REITs 股息相对安全的印象。

REITs 的起源

REITs 最初是 1960 年在美国由国会发起的，目的是让小投资者有机会间接投资有租金收益的大型房地产物业。1960 年美国总统艾森豪威尔签发了一个特殊税务规定，将 REITs 视为税收穿透工具，不需要双重缴税。

REITs 从 20 世纪 60 年代出现，到 1970 年变得越来越受欢迎，却被 1973—1974 年的股市崩盘引起的周期性萧条所打断，随之市场利率飙升，在 1974 年达到了 20%。在美国，REITs 主要分为权益型 REITs 和抵押型 REITs，前者投资房地产的产权，后者则是以房地产做抵押进行放贷。抵押型 REITs 投资抵押贷款的证券组合，如商业地产抵押贷款支持证券（CMBS）和抵押担保债券（CMO）。抵押型 REITs 只是发放贷款和持有以房地产物业做抵押的贷款和抵押债券。另外一个 REITs 类型是混合型 REITs，简单说就是上面两种 REITs 的结合。

REITs 可以按照专业性分为传统物业类型和非传统物业类型。传统物业类型包括写字楼、商业、零售、公寓、购物中心、工业、医疗和酒店 REITs。非传统物业类型包括农业用地、信号塔、数据中心、物流园、林业、自助仓储和特殊酒店。

1986 年通过的税制改革允许 REITs 直接管理和运营房地产物业。1993 年，养老基金被允许投资 REITs。这两项改革带来了 20 世纪 90 年代 REITs 的高速发展。立法变革的趋势势不可挡，在美国商业房地产市场第一次出现公募 REITs 基金规模超越了私募股权和私募资金的现象。这个转折点在美国 REITs 市场被称为"REITs 变革"。现在美国有 153 只 REITs，总市值超过 1.2 万亿美元。

澳大利亚 REITs 在 1971 年刚刚发行的时候采用的是上市房地产信托（LPT）的形式。现在澳大利亚 REITs 市场体量非常大，成熟而且精良，大约 72% 投资级物业都被证券化了，就是我们通常所知的澳大利亚 REITs（A-REITs）。在 2019 年年底，上市 REITs 的总市值超过 1 300 亿澳元。现在有大约 40 只 REITs 在澳大利亚证券交易所（ASX）挂牌，吸引了大量海外投资，来自亚洲和一些大型主权财富基金的资金大量流入这个市场。

现代金融学的投资组合理论认为，所有的资产类别都可以投资。但是房地产资产通常交易不频繁，因此在加入投资组合进行估值的时候经常很难复制和评估。现在 REITs 在包括华尔街、澳大利亚证券交易所或是新加坡交易所等证券市场上进行交易，就可以用来作为将房地产资产带入现代投资组合理论里进行分析并创造财富的最好的工具。

在人们进行全球房地产投资时，REITs 已经成为最受欢迎的投资工具。全球现在有将近 40 个国家和地区推出了 REITs，总市值大约 3.5 万亿新元，而在 2010 年时只有 1.1 万亿新元，在短短 10 年里有了高达 3 倍的增长。在过去 15 年里，我们看到许多国家和地区允许 REITs 在其管辖区域蓬勃发展。自 2005 年以来，超过 18 个国家和地区引入 REITs 或类 REITs 的立法，这使得拥有 REITs 的国家和地区数量达到近 40 个。

美国被认为是最成熟的 REITs 市场，其他成熟市场还包括欧洲的奥地利、法国、英国、德国和荷兰。在亚洲，成熟的 REITs 市场包括日本、中国香港和新加坡。另外，澳大利亚、新西兰和加拿大也是成熟的市场。

成熟 REITs 市场的一个共同特点是，REITs 或是上市房地产公司的总市值比较高。不难理解，在这些市场中，大多数房地产优质资产是由 REITs 持有的。这一特点在新冠疫情之后会变得更加根深蒂固，因为疫情、人口和科技将进一步加速改变房地产市场的动态。

经 验 教 训

过去 15 年里，通过 REITs 架构来持有房地产物业的趋势迅猛发展，REITs 总市值翻了 3 倍，自 2005 年以来超过 18 个国家和地区引入 REITs 或类 REITs 的立法，拥有 REITs 的国家和地区数量达到近 40 个。聪明的 REITs 投资者应该注意到，在目前已发行 REITs 的国家和地区交易和投资 REITs 所获得的宝贵经验，可以应用在即将到来的新兴 REITs 市场，比如中国和印度。

REITs 在亚洲腾飞

REITs 首次在亚洲出现是在全球金融危机后，新加坡和日本在 2001 年率先启动了 REITs 市场。中国的香港和台湾、马来西亚、韩国、泰国在随后的 10 年里也启动了 REITs 市场。日本在 2001 年 9 月首先推出了两个 REITs，日本不动产信托和日本房产基金。两个 REITs 的票面价值约 4 000 美元，预计 4%～5% 的股息率，相比 10 年期国债利率有 400～500 个基点的利差。

2001 年，新加坡首次试图启动 REITs 但并没有成功。新加坡房地产开发巨头凯德集团将旗下持有的很多零售物业装入新加坡商用信托（SPT）发行 REIT。我很清楚地记得此事，因为我当时在新加坡行政局下属的证券投资者协会（SIAS）担任委员会成员，负责协助向散户投资者推介新加坡商用信托。

下一个行动者中国台湾于 2005 年 3 月推出了第一个 REIT。富邦一号不动产投资信托上市时市值为 1.86 亿美元，募集了 5.83 亿元新台币（相当于 1.94 亿美元）用于购买位于台北市的两栋写字楼、一栋公寓楼和一栋商业建筑。

马来西亚也在 2005 年 8 月推出了 REITs。Axis REIT 的上市是在新的 REITs 指引下完成的，相比 1989 年以来用于管理上市房地产信托（LPT）的指引，新的 REITs 指引有了重大改变。紧随 Axis REIT 上市的是杨忠礼休闲实业信托（YTL REIT），它在吉隆坡持有很多优质资产，如万豪酒店、昇禧购物中心和 Lot 10 购物中心等。

2005 年，REITs 迎来了重大发展。中国香港的房委会曾试图将其位于郊区的购物中心和停车物业通过领展房托①挂牌上市。起初由于股东抗议导致上市计划被取消，最终于 2005 年 11 月正式发行上市，发行价格对应股息回报率 6%，大约有 335 个基点的利差。领展房托的发行上市广受瞩目，不仅因为它是第一只香港 REIT，更因为它是世界上最大的 REITs IPO（首次公开募股），市值达 26 亿美元。此后又发行了两只 REITs，越秀房托和泓富产业信托，都是在 2005 年 12 月挂牌上市的。

REITs 在新加坡腾飞

2001 年 11 月，当 SPT 试图作为第一只 REIT 挂牌上市的时候股息率为 5.75%，但是没有成功上市。它计划发行 7.4 亿新元，其中

---

① 2015 年 8 月，领汇房托（Link REIT）更名为领展房托，英文名称则由"The Link"改为"Link"。——译者注

71.6%大约5.3亿新元计划出售给机构和散户投资者，上市定价是1新元。

SPT 5.75%的股息率相比当时的10年期国债利率2.89%，利差为286个基点（低于2001年早些时候上市的两只日本REITs）。而主要银行的固定存款利率为1.75%~1.90%。当时REITs IPO不被看好，新股参与率很低，直接导致发行被撤回。

在我看来，这次IPO失败有定价和市场时点不好两重原因。股息率不够高，发行价格对资产净值的折价率不够大，因此无法说服投资者买入。同时，IPO组合中的3个物业的估值有所提升，因此投资者进一步担心SPT价值的下行风险。此外，REITs对于新加坡投资者来说比较陌生，而1997—1998年的亚洲金融危机导致两年的经济低迷，经济才刚刚开始恢复，零售市场的前景让人担忧。

SPT后来更名为凯德商用信托（CapitaMall Trust，简写为CMT），随后在2002年7月17日再次IPO。这一次发行定价0.96新元，收益率为更有说服力的7.06%，比10年期国债收益率高出480个基点，市场反响强烈，受到了5倍超额认购。

下一个上市的是腾飞房地产信托，2002年11月其IPO受到超过5倍的认购。再后来是置富产业信托，亚洲第一只跨境REIT。凯德商业信托（CCT，现在更名为凯德商务产业信托）和新达信托紧随其后，于2004年发行。凯德商业信托的IPO引人注目，因为它是从母公司凯德集团分立出来的，每个凯德集团的股东用5股换1股CCT，用以部分缩减资本。

过去这些年来，凯德商用信托——现在被称为凯德商用新加坡信托，做得非常成功。如果在 IPO 时以 0.96 新元的价格买入，按照 2020 年 6 月 30 日的收盘价 1.96 新元计算，投资者已经获得 104.17% 的资本利得。再考虑到过去 17 年共 1.7977 新元的股息，所有收益加总有 2.7977 新元，相当于 291.43% 的总收益率，年化为 6.49%，这就是聪明的投资者通过正确地投资 REITs IPO 来赚取财富的榜样（见表 1.1 和表 1.2）。

表 1.1 凯德商用信托从首次公开发行以来的收益

首次发行日期	首次发行价格（新元）	每股股息累计至 2019 年（新元）	每股股息 2020 年一季度（新元）	每股股息总值（新元）	价格 2020 年 6 月 30 日（新元）	涨幅（%）
2002 年 7 月 17 日	0.96	1.7892	0.0085	1.7977	1.96	104.17

表 1.2 凯德商用信托 IPO 以来的年化收益

总收益（新元）	总收益率（%）	年化收益率（%）
2.7977	291.43%	6.49

---------- 经 验 📋 教 训 ----------

如果估值没有足够的吸引力，REITs IPO 可能会失败。尽管股息收益率和资本净值折价率等估值模型，可以随经济和房地产市场的周期而变化，一只 REIT 成功地完成 IPO 仍需要对市场时机和投资者偏好有敏锐的判断和理解。

2002年12月，新加坡出台了REITs税收穿透新政策，这直接激起了投资者对新加坡REITs的兴趣。REITs的股息要求由原来的100%降到不低于90%。开始享有税收穿透政策的还包括新加坡永久居民，同时也是新加坡纳税人，以及其他非公司类新加坡注册机构。

2005年，为了维持新加坡REITs市场的增长，新加坡政府对监管框架进行了一系列变革，宣布对REITs在5年内收购物业免印花税。政府意识到REITs实际上有助于扩展和加深新加坡资本市场，帮助本地基金管理行业更好地和中国香港的同业竞争。

其他方面的改革包括在国际扩张方面融入更多的灵活性，让投资者的利益和REITs管理人的利益保持一致，以及在满足信用等级的前提下允许将REITs杠杆比例上限从35%上调至60%。

所有这些改革为史上最多的REITs上市铺平了道路。2006年共有9只REITs在新加坡挂牌上市，2007年在全球金融风暴前又有3只REITs完成上市。随后2008—2009年金融危机席卷全球，新加坡没有新的REITs挂牌上市。直到2010年，3只新的REITs才挂牌推出，它们是凯诗物流信托（现在又称亚腾乐歌物流信托）、丰树工业信托和宝胜信托。

2008年，作为行业基准的富时海峡房地产指数正式推出，包括富时房地产投资和服务指数及富时海峡不动产投资信托（FTSE REITs）指数，后者此后被广泛看作新加坡REITs业绩表现的晴雨表。

REITs 与房地产投资

各种类型的投资者都可以投资公募 REITs，包括养老基金、机构基金、家族办公室、高净值人士和散户投资者。投资 REITs 的优点是投资者可以将房地产买卖、管理或直接融资这些工作，都交给 REITs 管理人或他们指定的专业人士去完成。

直接拥有房产自然有其优势，但是相对而言，REITs 的优势目前变得更加明显。我预计这种改变趋势会持续，因为投资者会更清楚地看到，相比实物房地产或是其他资产类别，REITs 的表现都更优异。

具体参见第三章关于 REITs 流动性的优势及其与其他资产类别的比较。

对投资者而言，相比股票或债券，REITs 最具吸引力的是其相对高的股息率。这是由于新加坡金融管理局（MAS）规定所有 REITs 必须将至少 90% 的利润用于股息。新加坡 REITs 行业自 2002 年开始发展以来，股息率在 2002—2007 年保持在 5.5%~11.5%，在全球金融危机的 2008—2009 年保持在 7.5%~18.0%，在之后的 2011—2013 年是 6.0%~9.5%，2014—2019 年是 4.5%~11.5%。

新加坡金融管理局的 REITs 管理规范和美国 1960 年出台的 REITs 执行条例非常接近，可以说，正是美国的 REITs 法案为整个 REITs 行业的发展铺平了道路。REITs 最独特的一点是其税务身份，只要 REITs 将其至少 90% 的盈利作为股息发放，并满足其他一些要求，REITs 就可以免除公司税。

事实上,不难理解为什么相比其他资产类别 REITs 会胜出,REITs 定期发放稳定的股息再加上复利的作用是 REITs 规避价值陷阱而最终胜出的关键。

REITs 从行业创始以来的总收益

2009 年,在我 40 岁出头的年纪,我决定退休了,为的是可以在世界各地旅行和生活。

那时我第一次被 REITs 深深吸引。[①] 美国 REITs 市场是世界上最早的 REITs 市场,当时能找到 1971—2010 年的数据。我研究了一下,注意到投资美国权益型 REITs 在这 40 年里只有 8 年是亏钱的,直觉上我觉得这个数字在概率上具有优势。事实上,40 年间只有 3 次出现连续两年的下跌(见表 1.3),这就能让我估算出大概的盈亏率。

美国 REITs 的总收益从长期看一直有超越股票的表现,REITs 指数总收益高于道琼斯指数和标普 500 指数。例如,1975—2006 年的 30 年,美国 REITs 年化收益率为 16.7%。全美房地产投资信托协会的数据显示,1978 年 12 月 31 日~2016 年 3 月 31 日,美国 REITs 的平均年化收益率为 12.87%,股票的年化收益率为 11.64%。1975—2014 年的 40 年,美国 REITs 的年化收益率为 14.1%,高于标普 500 指数 12.2%

---

① 资料来源:"Millionaire with heart of Gold", *The Sunday Times*, 6 December 2009.

的年化收益率。基本上在过去 60 年的大部分时间里，美国 REITs 的表现都超越了股票和债券。

表 1.3　美国权益型 REITs 1970—2010 年的 40 年里只发生了 8 次下跌

年份	REITs 数量（只）	总收益率（%）
1973	20	-15.50
1974	19	-21.40
1987	53	-3.60
1990	58	-15.40
1998	173	-17.50
1999	167	-4.60
2007	118	-15.70
2008	113	-37.70

资料来源：全美房地产投资信托协会（NAREIT）。

我的投资和教学的主要目标是，通过投资 REITs，实现跟投资股票一样甚至更好的风险调整后的收益，同时承担更少的波动和变化。

过去 31 年我在投资领域工作，先是在华尔街公司做研究总监，然后在不同金融机构负责机构销售，这些经验给了我巨大的帮助，让我知道什么时候该在 REITs 上加大赌注。[①]

最初 10 年上市的新加坡 REITs 的总收益

2002—2010 年，总共有 21 只新加坡 REITs 挂牌。其中最善房地产

---

① 资料来源："Bet big in times of crisis: GCP Global's Gabriel Yap", *The Business Times*, 10 April 2017.

信托后来被收购,并于2012年被摘牌。

其余20只REITs中的11只给投资者带来8%以上的年化收益率。这意味着如果你从REITs IPO开始就投资这11只REITs,你的投资会在8.5年里翻一倍,这怎么算都是相当划算的(见表1.4和表1.5)。

表1.4 新加坡REITs 2002—2006年的IPO及截至2019年年底的总收益

REITs名称	IPO时间	IPO价格(新元)	每股股息(新元)	2019年12月31日的价格(新元)	涨幅(%)	总收益(新元)	收益率(%)	年化收益(新元)	年化收益率(%)
凯德商用信托	2002年7月	0.96	1.7892	2.460	256.25	3.2892	342.63	4.2492	9.14
腾飞房地产信托	2002年11月	0.88	2.3190	2.970	337.50	4.4090	501.02	5.2890	11.13
凯德商务产业信托	2004年5月	1.000	1.1880	2.010	201.00	2.1980	219.80	3.1980	8.06
新达信托	2004年12月	1.000	1.3840	1.840	184.00	2.2240	222.40	3.2240	8.12
丰树物流信托	2005年7月	0.680	1.0400	1.740	255.88	2.100	308.83	2.780	10.58
升禧环球房地产信托	2005年9月	0.980	0.6983	0.725	73.98	0.4433	45.23	1.4233	2.70
雅诗阁公寓信托	2006年3月	0.680	1.0135	1.330	195.59	1.6635	244.63	2.3435	9.99
星狮商产信托	2006年3月	1.0000	0.9180	1.660	166.00	1.5780	157.80	2.5780	7.56

（续表）

REITs名称	IPO时间	IPO价格（新元）	每股股息（新元）	2019年12月31日的价格（新元）	涨幅（%）	总收益（新元）	收益率（%）	年化收益（新元）	年化收益率（%）
吉宝亚洲房地产信托	2006年4月	1.040	0.8676	1.230	118.27	1.0576	101.69	2.0976	5.54
星狮地产信托	2006年7月	1.030	1.3372	2.880	279.61	3.1872	309.44	4.2172	11.45
城市酒店信托	2006年7月	0.830	1.3113	1.620	195.18	2.1013	253.17	2.9313	10.19
剑桥信托	2006年7月	0.680	0.6461	0.535	78.68	0.5011	73.68	1.1811	4.34
凯德商用中国信托	2006年12月	1.130	1.1632	1.590	140.71	1.6232	143.65	2.7532	7.09
先锋医疗产业信托	2006年12月	0.710	1.0135	1.030	145.07	1.3335	187.82	2.0435	8.47

表1.5 新加坡REITs 2007—2010年的IPO及截至2019年年底的总收益

REITs名称	IPO时间	IPO价格（新元）	每股股息（新元）	2019年12月31日的价格（新元）	涨幅（%）	总收益（新元）	收益率（%）	年化收益（新元）	年化收益率（%）
宝泽安保房地产信托	2007年4月	1.200	1.0750	1.430	119.17	1.3050	108.75	2.5050	6.33
百汇生命产业信托	2007年8月	1.280	1.3298	3.320	259.38	3.3698	263.27	4.6498	11.35

（续表）

REITs名称	IPO时间	IPO价格（新元）	每股股息（新元）	2019年12月31日的价格（新元）	涨幅（%）	总收益（新元）	收益率（%）	年化收益（新元）	年化收益率（%）
力宝印尼商场信托	2007年11月	0.800	0.4219	0.225	28.13	-0.1531	-19.14	0.6469	-1.75
凯诗物流信托	2010年4月	0.880	0.7376	0.715	81.25	0.5726	65.07	1.4526	5.73
丰树工业信托	2010年10月	0.930	0.9717	2.600	279.57	2.6417	284.05	3.5717	16.13
胜宝工业信托	2010年11月	1.050	0.5641	0.460	43.81	-0.0259	-2.47	1.0241	-0.28

收益排名前五的REITs实现年化收益率为10.58%~16.13%，平均为12.54%。这意味着如果你有能力挑出这前五强，然后从IPO时就开始持有它们，你的投资就可以每6年翻一番，这就是股息复利的威力，当然你需要有能力挑出REITs中的赢家。从星狮地产信托IPO起，我就是它的前二十大股东之一，同时我还持有丰树工业信托、腾飞房地产信托和丰树物流信托。

以星狮地产信托为例，100万个凭证单位的星狮地产信托在IPO时的成本是103万新元，如果持有到2019年年底，过去13年里投资者获得的股息就有133万新元。原来以103万新元在IPO时购买的100万个凭证单位到2019年年底价值288万新元，这样总收益就是318万新元！而且只要投资者还是它的股东，就会在每个季度继续收到股息。星狮地产信托在过去13年的年化收益率算下来是11.45%。如果这个趋势保持下去，每6年半投资者的投资就可以翻一番。

只有两只REITs收益为负，它们分别是力宝印尼商场信托和胜宝工业信托，也就是说如果投资100万新元在这两只中的一只上，并且从IPO算起就会是负收益。但是同样的100万新元，如果投资在表现前五的任意一只REIT的IPO里，并持有到2019年年底，都会带给投资者300万新元以上的正收益。力宝印尼商场信托和胜宝工业信托在2020年6月的股价只相当于IPO时的一半甚至更低。这一极其明显的反差证明，对于REITs而言，能够买入并持有那些好的REITs至关重要，投资者可以通过收获长期股息和资本利得来实现多年盈利。

我们看到，那些"坏苹果"，诸如MacarthurCook工业信托和Allco信托，在2007—2009年的全球金融危机期间陷入泥潭。它们最终都被兼并、接管，现在分别叫宝泽安保房地产信托和星狮商产信托。

除去这几个"坏苹果"，很明显，新加坡REITs的历史表现相当不错。如果投资者希望自己的财富在稳定而持续的基础上实现翻一番或翻两番，应该适当增加投资组合里REITs的比重。当然，历史业绩在未来不一定能够重复，但是如果可以的话，聪明的REITs投资者应该准备好利用这个机会。

很显然，以上这些事实证实了我们多年来一直在教授的知识。

―――――― 经 验 📖 教 训 ――――――

1. 新加坡REITs给投资者带来了长期的稳定收益。

2. 在风险调整的基础上，新加坡REITs的表现较债券和股票更好。
3. 要想实现好的收益，投资者必须为自己的投资组合挑选正确的REITs，这样才能实现长期持续稳定的回报。
4. 在REITs投资中碰到"坏苹果"是不可避免的，聪明的投资者需要学会认清哪些因素会使这些苹果变坏，并且在苹果变坏之前就把它抛掉。

新加坡REITs最近10年的年化总收益

年化总收益的定义是，在一定期限内一个投资每年收益的几何平均值。年化总收益可以告诉我们投资业绩的大致样子，却无法告诉我们股价的起伏和波动率。

以新加坡货币计算，截至2019年11月，来自新加坡交易市场和彭博的最近10年的年化总收益的数据显示出以下信息。

1. 18只REITs中有14只REITs实现了年化总收益率近10%或更多。如果一个聪明的投资者可以规避市场在2011年、2013年、2015年和2018年的回撤，年化总收益还可以更高。
2. 数据再一次确认和证实了REITs在前一个10年的总收益的趋势，新加坡REITs确实可以提供稳定持续的总回报。
3. 最近10年表现前三的REITs实现了以下年化总收益率：星狮商产信托16.6%，丰树物流信托16.5%，百汇生命产业信托

15.9%。就像在前一个 10 年表现前五的 REITs 一样，如果投资者知道怎样正确地挑选赢家，他们的投资就可以每 8 年实现一次翻番。

4. 就像我们在过去 10 年一直对投资者强调的那样，要想获得优异的业绩，REITs 投资的市场时机非常重要，在投资组合里买入并持有正确的 REITs 决定了长期的财富增长效率。

最近 10 年上市的新加坡 REITs 的总收益

2013—2018 年，FTSE REITs 指数 5 年总收益率为 38%。请注意这 5 年中还包括了两次 REITs 的调整，第一次是由于美联储开始削减量化宽松，引起市场恐慌，REITs 跌了 22.5%；第二次是由于 2015 年的抛售，REITs 狠狠地跌了 15.83%。

而后，FTSE REITs 指数在 2019 年上涨了 15.53%。在 2020 年上半年，尽管经历了新冠疫情引起的痛苦的抛售，但 REITs 指数只下跌了 11.53%。要知道 2020 年 3 月 23 日的这次大跌和 2008 年全球金融危机及 1929 年大萧条那两次危机的严重程度不相上下，即便在这本书即将出版的时候①，很多预言家还在争论市场会不会重新试探 2020 年 3 月 23 日的大底。

尽管最近 10 年 REITs 表现不错，但是在这 10 年中 IPO 的 REITs 却

---

① 本书英文版于 2021 年 1 月出版。

表现不佳（见表1.6、表1.7和表1.8）。

表1.6 2011—2013年IPO的REITs的表现

最近10年IPO的REITs	IPO时间	IPO价格（新元）	2020年6月30日价格（新元）	价格变化（新元）	涨跌幅（%）
丰树商业信托	2011年4月27日	0.88	1.930	1.050	119.32
腾飞酒店信托	2012年7月26日	0.88		合并	
远东酒店信托	2012年8月24日	0.93	0.495	-0.435	-46.77
丰树北亚商业信托	2013年3月7日	0.92	0.925	0.005	0.54
Croesus零售信托	2013年5月10日	0.93		私有化	
报业控股房地产信托	2013年7月24日	0.90	0.875	-0.025	-2.78
华联酒店信托	2013年7月25日	0.88		合并	
速美商业空间信托	2013年8月16日	0.78	0.390	-0.390	-50.00
亿达工业房地产信托	2013年11月4日	0.78		合并	

2011—2020年共有26只REITs在新加坡交易市场IPO。在这26只当中只有5只实现了资本利得。除去腾飞酒店信托、华联酒店信托和亿达工业房地产信托这3只与其他REITs合并外，还有Croesus零售信托被私有化了。剩余的17只REITs都给投资者带来了资本利损。这意

味着 2011—2020 年中 IPO 的 REITs 中接近 4/5 都出现了亏损。这对于一些 REITs 投资者来说很惊讶，但是我们认为，这种现象的背后是有这么几个原因的。

表 1.7　2014—2016 年 IPO 的 REITs 的表现

最近 10 年 IPO 的 REITs	IPO 时间	IPO 价格（新元）	2020 年 6 月 30 日价格（新元）	价格变化（新元）	涨跌幅（%）
华联商业信托	2014 年 1 月 27 日	0.80	0.380	-0.420	-52.50
辉盛国际信托	2014 年 7 月 16 日	0.88	0.465	-0.415	-47.16
IREIT 全球信托	2014 年 8 月 13 日	0.88	0.725	-0.155	-17.61
吉宝数据中心信托	2014 年 12 月 12 日	0.93	2.550	1.620	174.19
北京华联商业信托	2015 年 12 月 11 日	0.80	0.585	-0.215	-26.88
宏利美国房地产投资信托	2016 年 5 月 12 日	0.83	0.755	-0.075	-9.04
星狮物流与商业信托	2016 年 6 月 21 日	0.89	1.190	0.300	33.71
运通网城房地产信托	2016 年 7 月 26 日	0.81	0.690	-0.120	-14.81

从 2011 年开始一个突出的现象出现了，在 26 只 IPO 的 REITs 里面只有 8 只 REITs 大部分资产在新加坡，其余 18 只 REITs 的大部分资产在新加坡以外。事实上，截至 2020 年 6 月，43 只 REITs 中有 19 只 REITs 的房地产组合完全由海外地产组成。

表 1.8　2017—2020 年 IPO 的 REITs 的表现

最近 10 年 IPO 的 REITs	IPO 时间	IPO 价格（新元）	2020 年 6 月 30 日价格（新元）	价格变化（新元）	涨跌幅（%）
吉宝 KBS 美国房地产信托（美元）	2017 年 11 月 9 日	0.88	0.700	-0.180	-20.45
克伦威尔欧洲房地产投资信托（欧元）	2017 年 11 月 30 日	0.55	0.420	-0.130	-23.64
砂之船房地产投资信托（新元）	2018 年 3 月 29 日	0.80	0.740	-0.060	-7.50
亚腾美国酒店信托（新元）	2019 年 5 月 9 日	0.88	0.400	-0.480	-54.55
美鹰酒店信托（新元）	2019 年 5 月 24 日	0.78	0.137	-0.643	-82.44
Prime 美国房地产投资信托（新元）	2019 年 7 月 19 日	0.88	0.780	-0.100	-11.36
联实全球信托（新元）	2019 年 10 月 2 日	0.88	0.680	-0.200	-22.73
Elite 商业信托（新元）	2020 年 2 月 6 日	0.68	0.700	0.020	2.94
美国汉普郡联合房地产投资信托（新元）	2020 年 3 月 11 日	0.80	0.590	-0.210	-26.25

可以理解的是，由于新加坡本地可投资的物业数量有限，2011 年以后，REITs IPO 的绝大部分资产来自海外，甚至一些本地 REITs 也不得不更多地通过收购海外资产来实现增长。但是海外收购并没有给 REITs 持有人带来股价的上涨。由于信息不透明，海外资产收购需要更加严苛的审查，因为缺少对某些趋势和事实的第三方独立证明，特别是关于 REITs IPO 时的资产组合或是 IPO 以后收购的资产组合，在

第一章　REITs 如何让你成为百万富翁　23

未来租约、入住率和租客信息的准确性方面都无法得到保证。

例如，大多数研究员在评估 REITs 收购时主要依赖 REITs 提供的路演材料，而这些材料很自然地会尽量展示有利于收购的正面信息。聪明的投资者应该考虑一下那些支持收购的信息是否可以被验证，收购的价格是否合理。如果收购的资产位于一些投资者不熟悉的国家和地区，或是 REITs IPO 时的资产组合及未来收购资产的一些重要指标不能被独立验证，这个过程就会变得异常艰难。

另外，对于 REITs 投资者来说，那些持有海外资产的 REITs 具有较高风险，具体参见本书第六章。例如，2018 年，关于持有美国资产的 REITs 是否享受税收穿透的问题让宏利美国房地产投资信托和吉宝 KBS 美国房地产信托（现在被称为吉宝太恒美国房地产信托）的股价在几天之内就下挫了超 20%。

当我们分析 26 只在最近 10 年上市的新加坡 REITs 时，按照 2020 年 6 月 30 日的收盘价计算，很多投资者都会感到吃惊。

1. 除去那些私有化的或被合并的 REITs 外，剩下的 22 只 REITs 中只有 5 只相比 IPO 价格实现了资本利得。值得庆幸的是这 5 只赢家中一些上涨幅度很大，如丰树商业信托上涨了 119.32%，吉宝数据中心信托上涨了 174.19%。
2. 17 只下跌 REITs 中有 6 只对比 IPO 价格跌幅超过 40%。最糟糕的是美鹰酒店信托，下跌了 82.44%（截至本书出版上市时还在停牌），亚腾美国酒店信托下跌了 54.55%，华联商业信托下跌了52.5%。

3. 那些持有100%或接近100%海外资产的REITs都出现了不同程度的下跌，只有星狮物流与商业信托和Elite商业信托除外。即便是这两只REITs，上涨幅度也不尽相同。星狮物流与商业信托上涨了33.71%，而Elite商业信托仅上涨了两分钱，相当于2.94%。

除去4只私有化的和被收购的REITs，最近10年IPO的22只REITs平均下跌8.44%。总结来看，REITs投资者在投资这些持有100%或接近100%海外物业的REITs时，面对的是怎样的机遇和现实呢？

我们一直是这样教授学员的：

1. REITs投资者应该判断REITs IPO时的风险是否和预期回报相匹配。聪明的REITs投资者一定要对媒体炒作和那些自私利己而又雄心勃勃的中介和投行的话仔细分析并打一定的折扣。
2. REITs投资者应该认识到REITs IPO承销流程中可能存在缺陷。REITs发起人总是试图在IPO市场中获得最大利益。尽管所有可以想象的风险和事件都在招股说明书里有所提示，但很少有投资者会有时间，更别说有能力，去通读那长达1 000多页的招股书。例如，美鹰酒店信托的招股书有890页，然而它IPO以后很快就陷入麻烦。最厚的招股书是克伦威尔欧洲房地产投资信托，共1 066页。

3. 不是所有 REITs 都一样。尽管 REITs 总的来说跑赢了资本市场，但对于投资者来说当务之急是挑选出正确的 REITs[①]，这样才能让自己的组合日复一日、年复一年持续稳健地赚取收益。

从 REITs 的角度而言，在多个国家和地区扩展业务确实能够带来业务增长、规模经济和组合多样化。例如，丰树北亚商业信托（曾用名为丰树大中华信托）于 2018 年 1 月在东京、千叶和横滨收购了 6 个自由持有的写字楼物业，总价值 630 亿日元（合 5.72 亿美元）。一个重要考量就是日本资产组合的土地所有权可以平衡中国内地和香港的土地租赁权。

——— 经 验 📄 教 训 ———

在 2011—2020 年 IPO 的新加坡 REITs 当中，有 4/5 出现了资本利损。敏锐的 REITs 投资者应该认识到不是所有的 REITs 都一样。尽管 REITs 总的来说跑赢了资本市场，但对于投资者来说当务之急是挑选出正确的 REITs，这样才能让自己的组合日复一日、年复一年持续稳健地赚取收益，当新加坡 REITs 未来倾向于主要通过海外资产来发展的时候更是如此。

---

① 资料来源："The Great Market Divide", *The Sunday Times*, 31 May 2009.

MAKING YOUR MILLIONS in REITs

第二章

聪明的 REITs 投资者应该从疫情导致的危机中吸取什么教训

这一次，不同于以往！

新冠肺炎疫情使全球经济陷入历史性的衰退，突然中止了持续时间最长的牛市行情。随着疫情在全球呈指数级蔓延，经济活动陷入停顿和崩溃。随后政府做出响应，市场随即强势反弹。新冠疫情危机提供了一个实时的案例，告诉我们在前所未有的压力时期 REITs 的收入会怎样变化，以及穿透过去对 REITs 股息的影响。此次危机直接挑战了投资者认为 REITs 应该长期持有的观点。之前，REITs 被普遍认为是安全的投资工具，因为它们被强制将 90% 以上的应税收入用于股息，来获得税收穿透。但这一次严重的市场大跌，在速度和规模上确实是又快又狠，程度也是前所未见。

有史以来的第一次，新加坡 REITs 指数暴跌 367.98 点，跌幅为 37.91%。在短短 22 个交易日里，FTSE REITs 指数就从 2020 年 2 月 19 日（星期三）的 970.62 点暴跌至 2020 年 3 月 23 日（星期一）的

602.64 点！如此的暴跌是新加坡 REITs 有史以来最糟糕的一次，甚至超过了 2008 年 10 月的纪录。在上一次全球金融危机的挣扎中，REITs 指数在一个月之内跌了 34.67%。

作为对比，美联储于 2015 年开始削减量化宽松，在恐慌的投资者竞相抛售的 77 个交易日（大约是 22 个交易日的 4 倍）里，新加坡 REITs 下跌了 22.5%。当然，新加坡 REITs 最严重的下跌是在全球金融危机期间，那一次 FTSE REITs 指数在 13 个月共 266 个交易日里暴跌了 74.67%。

如此凶猛的市场抛售行为大多源于对未知的恐惧。这一次我们知道的因素是新冠肺炎疫情，但我们不知道的因素包括疫情会持续多久、感染人数何时达到顶峰、随后会有多少人死亡等。投资者最不喜欢不确定性，肯定会先卖了再说，把好的坏的统统抛掉，跟以前的历次抛售没有区别。

聪明的 REITs 投资者在这一危机时刻如何确定自己的投资组合是能否赚钱的关键。毕竟 2020 年 3 月 23 日新加坡 REITs 指数下跌 37.91% 至 602.64 点，是新加坡 REITs 市场启动 19 年以来的第二大下跌，而每一次危机都为聪明的 REITs 投资者创造了机会。

相比之下，美国 REITs 市场下跌了 39.95%，相当于 8 841 亿美元的市值蒸发掉了。而在此次暴跌中，全球股市市值下跌了 26.1 万亿美元，其中仅美国股市就损失了 11.8 万亿美元。

就我个人而言，我经历过许多次危机，比如 1987—1989 年的股市崩盘、1998 年亚洲金融危机和 2008 年全球金融危机。在危机时期，基本面和技术分析变得次要了，而经验变得头等重要。投资者和交易员必须及时应对从恐惧到贪婪或是从贪婪到恐惧的转变，而这种转变有时在几秒钟内就会发生。

金融市场总是在秩序与混乱中挣扎。过去 10 年来，金融市场相对平静有序，价格在每次调整后都有上涨。而这次的新冠疫情将我们的生活彻底打乱，那些几个月前还表现良好的企业突然开始面临生存危机。

我从过去的危机中获得的经验是，市场混乱不只会带来毁灭，也会在危机和混乱中产生新的业务机会，并播种下一个"亚马逊"的种子。毕竟亚马逊在全球金融危机期间也差点倒掉，而后存活下来成为一股不可忽视的力量。投资者面临的挑战是先要在目前的危机和混乱中生存下来，然后认准并配置那些能最终走出泥潭的胜利者，这才是你的财富翻倍之道，因为它曾发生在过去，正发生在现在，也会发生在未来。

我从过去的危机中学到的是，对于聪明的投资者而言，危机是最好的教学，也是让财富翻倍的机会。下面这些是从新冠疫情中获得的宝贵经验教训，它们可能会改变 REITs 未来的投资前景。

REITs 股息的安全性

REITs 股息收益率可能极具吸引力。许多 REITs 喜欢在各种季报或半年报中以业绩的名义展示它们的股息收益率，并与股票、10 年期国债收益率、中央公积金利率和定期存款利率等做对比。但是如果其背后的股息不可持续或是因为某种原因而不能发放，那股息收益率就毫无意义，就像在新冠疫情危机中REITs发布2020年一季度季报时很多投资者经历的那样。

由于其合同属性，基于租赁合同的租金收入通常可以保证REITs有能力发放稳定的股息，即便在经济衰退的时候也能履约。从历史上看，只要REITs管理人不为REITs的增长进行过度融资，投资者就会不断地收到像债券一样的股息现金流。然而，对于新加坡REITs投资者而言，新冠疫情改变了这一切。

在此之前，导致2008—2009年经济衰退的2007—2008年全球金融危机就像是个序章，让我们知道严重的经济和市场压力可能危及REITs股息。在美国，超过2/3的REITs削减或暂停发放股息，以节省现金。根据全美房地产投资信托协会的数据，REITs在2008年的回报率为–37.7%，令人绝望，之后在2009年反弹了28.0%。尽管2008年REITs普遍削减了股息，但其表现仅比标普500指数差73个基点，而在2009年又超过股市153个基点。

REITs在2008—2009年经济衰退期间大幅削减股息的情形和20世纪80年代储蓄和贷款危机之后削减股息很类似。在这两种情形下，大多数REITs出现了因广泛的流动性危机而不得不削减股息的情况。毫不奇怪，那些没有削减或暂停发放股息的REITs都有较低的债务水平，而且在危机时期只有很少的债务到期。

在新冠疫情危机期间，REITs股息是否安全变得尤为重要。在确定股息安全性方面，有几个关键因素投资者应该特别注意，这些我们将在第四章和第五章中非常详细地深入探讨。

——— 经 验 📄 教 训 ———

REITs股息收益率具有防御性并且有吸引力。然而，如果其背后的股息不可持续或是因为某种原因而不能发放，那股息收益率就毫无意义，就像在新冠疫情危机中REITs发布2020年一季度季报时很多投资者经历的那样。

创造财富的关键是选对行业板块和REITs

新冠疫情对酒店类REITs的影响

在这次新冠疫情危机中，酒店类和零售类REITs确实处于风暴中心。新冠疫情导致这两个行业深陷危机，从2020年3月开始其运营业绩大幅下滑，出现历史上从未看到过的糟糕情形，而且到2020年二季度末甚至下半年都不会改观。

例如，新上市的亚腾美国酒店信托在2020年一季度季报里报告的毛收入和净物业收入分别为3 170万美元和360万美元，大幅低于公司预测（比预测分别低了24.5%和68.2%）。拥有从日本神户到澳大利亚悉尼等地资产的辉盛国际信托报告的收入也大幅下降至2 020万新元，降幅41.5%，净物业收入下降至1 210万新元，降幅52.0%。辉盛国际信托考虑到预期将有持续低迷的营运表现，所以没有在2020年上半年发放2 530万新元的股息，这让股东们深受打击。没有发放股息的另一个原因是为了维护它最近购买的一项物业，柯林斯墨尔本诺富特酒店，因为这个物业不在主租赁合同的保护之下（见表2.1）。

表2.1　2020年一季度跌幅最大的10只REITs

名称	2019年12月31日股价（新元）	2020年3月31日股价（新元）	价格变化（新元）	跌幅（%）
美鹰酒店信托	0.545	0.137	-0.408	-74.86
亚腾美国酒店信托	0.870	0.345	-0.525	-60.34
美国汉普郡联合房地产投资信托	0.800	0.320	-0.480	-60.00
城市酒店信托	1.620	0.800	-0.820	-50.62
力宝印尼商场信托	0.225	0.117	-0.108	-48.00
远东酒店信托	0.740	0.410	-0.330	-44.59
辉盛国际信托	0.710	0.395	-0.315	-44.37
联实全球信托	0.930	0.520	-0.410	-44.09
易商红木信托	0.530	0.300	-0.230	-43.40
雅诗阁公寓信托	1.330	0.790	-0.540	-40.60

市场下跌过程中，酒店REITs首当其冲，遭到抛售。有6只酒店REITs在新加坡交易所上市，它们全部都在2020年一季度表现最差的10只REITs名单里。亏损最多的是美鹰酒店信托，下跌了74.86%（该REIT到这本书出版之日仍被暂停交易），下跌最少的是雅诗阁公寓信托，下跌了40.60%。新上市的亚腾美国酒店信托价值损失了60.34%，而上市已久的城市酒店信托价值也损失了50.62%。

有趣的是，这次抛售也表明，像城市酒店信托、雅诗阁公寓信托和远东酒店信托这样的 REITs，尽管其中有一些收入是由其主出租人或发起人担保的，也与那些没有担保的 REITs 一样受到了严重冲击。远东酒店信托的固定租金或稳定收入部分高达 72%，城市酒店信托为 36%，而雅诗阁公寓信托为 30%。截至 2020 年 6 月底，酒店 REITs 价格仍下跌超过 25%，在所有 REITs 行业板块里跌得最惨，而像易商红木信托这样的工业 REITs 则已经反弹了 32%。

相比其他 REITs 行业板块，酒店 REITs 的资产通常分布在不同区域，传统上这被认为是一个优势，因为一个区域市场的强劲可能弥补另一个区域市场的疲软，这正是雅诗阁公寓信托再三被证实的优势。然而，随着新冠疫情蔓延和可能造成的全球经济衰退，这样的互补机制变得完全无效。

随着国家关闭边界和实行旅行限制，酒店入住率就像一击打倒十个保龄球那样快速下跌，再加上日均房价也在下跌，导致平均客房收益严重减少。酒店业有固定成本高的特征，包括运营、行政和融资费用等最终都无法削减。

板块轮换是一种投资策略，是指将资金从一个板块转移到另一个板块以跑赢市场。随着时间的推移，经济不断经历阶段性的扩张与收缩。经济增长与供需平衡通常在经济扩张期间刺激周期性行业发展，而在经济衰退期间，对经济敏感程度较低的非周期性行业则表现得更有防御性。

例如，在 2017 年，表现最好的 REITs 十强中有 4 只来自写字楼板块。它们是凯德商务信托（现在被称为凯德商务产业信托）、新达信托、丰树大中华信托（现在被称为丰树北亚商业信托或丰树 NAC，在中国和日本拥有写字楼物业）和吉宝亚洲房地产信托。得益于经济增长势头强劲及有利的供需平衡，写字楼板块出现了租金现价的上涨和空置率的下降。

对于聪明的 REITs 投资者来说，收益来自资本利得加股息。新冠疫情危机让人们认识到，在危机抛售中避免资本损失和正确买入并构建自己的 REITs 投资组合同样重要。它说明了我们过去 31 年来一直在教给投资者的：底部价格总是会出现，但你需要避免那些拖累你投资组合的板块和 REITs，这样你才能够在其他板块出现捡漏机会时及时出手。

———— 经 验 📄 教 训 ————

对于聪明的 REITs 投资者来说，收益来自资本利得加股息。新冠危机让人们认识到，在危机抛售中避免资本损失和正确买入并构建自己的 REITs 投资组合同样重要。应该在陷入危机之前就避免那些高度敏感并能带来巨额损失的板块，如酒店板块。

新冠疫情对零售 REITs 的影响

评估零售物业的价值主要看地理位置是否方便、客流量和租户销售情况。在过去的几十年里，这些因素推动了零售物业价值的上涨。此外，在商场闲逛是新加坡人最喜欢的消遣方式，因为在土地稀缺的新加坡，人们日常总是被拘禁在狭小的公寓里。新加坡的住房主要是由建屋发展局开发的公寓，一般面积只有 90 平方米，而超过 80% 的人口住在这样的公寓里。

在 2020 年愚人节当天，报业控股房地产信托在其最新季报里宣布，由于预期新冠疫情影响业绩，公司计划削减每股股息，许多 REITs 投资者可能觉得自己真的被愚弄了。

疫情蔓延后，作为保持社交距离的必要措施，很多被视为非必要消费的商店都暂停了营业，大多数商场因此在 2020 年 4 月和 5 月间无人光顾。其实在新冠疫情暴发之前我们就已经看到了零售行业的薄弱环节，不少大型时装连锁店和本土品牌在那时就已经关门停业了。

商场已经开始重新定位，引入那些基于体验型消费的租户，如烹饪班、工艺车间、教育和培训中心、健身房及基于团队消费蓬勃发展的虚拟现实屋等。保持社交距离的措施一方面有助于预防和降低病毒的传播，另一方面肯定也会影响未来的客流量和租户销售额，即便是在重新放开以后仍是如此（见表 2.2）。

表 2.2 零售 REITs 在 2020 年一季度中的表现

名称	2019 年 12 月 31 日股价（新元）	2020 年 3 月 31 日股价（新元）	价格变化（新元）	跌幅（%）
凯德商用新加坡信托	2.460	1.790	-0.670	-27.24
星狮地产信托	2.810	2.240	-0.570	-20.28
丰树商业信托	2.390	1.830	-0.560	23.43
报业控股房地产信托	1.070	0.770	-0.300	-28.04
联实全球信托	0.930	0.520	-0.410	-44.09
升禧环球房地产信托	0.725	0.435	-0.290	-40.00

毫不奇怪，零售REITs中实力最强的星狮地产信托、丰树商业信托和凯德商用新加坡信托在2020年一季度市值损失了20.28%~27.24%，其他零售REITs包括联实全球信托和升禧环球房地产信托的市值则分别下跌了44.09%和40.00%。

零售REITs之间的表现差异对聪明的投资者来讲是显而易见的。一只零售REIT的抗压性和其持有的商业物业里的租户组合密切相关。一些商场，如丰树商业信托旗下的怡丰城在疫情中没有看到任何估值下调。尽管资本化率上调了15个基点，怡丰城的估值在2020年一季度季报里依然保持在32.62亿新元，相当于每平方英尺[①]3 031新元。随后，在2020年10月公布的三季度最新季报中，由于估价师下调了预期租金同时维持资本化率不变，怡丰城的估值下跌了3.5%。

事实上，怡丰城在2006年10月7日开业以来的14年里持续保持了年度净盈利的正增长（见表2.3）。

虽然所有的商场都遇到了同样的问题：被要求关闭非必要消费的店铺，采取措施保持社交距离，以及大概率预期租金续约率下降，但是各个商场受到的影响不同。最好的零售REITs有别于其他REITs，在危机期间仍然能够表现优异，而它们也最有可能在未来的岁月里表现得更为优异。这是REITs投资者在这次下跌中应该学到的一个重要的经验教训。

[①] 1平方英尺=0.092903平方米。

表2.3　丰树商业信托在2020年一季度季报中的估值

丰树商业信托的组合价值稳定保持在89亿新元

	截至2020年3月31日的价值[1]			截至2019年8月31日的价值	截至2019年3月31日的价值
	可租面积（百万新元）	价格（新元/平方英尺）	资本化率（%）	（百万新元）	
怡丰城	3 262.0	3 031/平方英尺	4.625	3 262.0	3 200.0
丰树商业城一期	2 198.0	1 287/平方英尺	写字楼：3.90 产业园区：4.95	2 193.0	2 018.0
港务集团大厦	791.0	1 505/平方英尺	写字楼：4.00 零售：4.85	786.0	763.0
丰树安顺大厦	762.0	2 317/平方英尺	3.50	762.0	728.0
MLHF大厦	347.0	1 608/平方英尺	3.90	347.0	330.0
小计	7 360.0			7 350.0	7 039.0
丰树商业城二期	1 560	1 317/平方英尺	产业园区：4.90 零售：4.75	1 550.0[2]	—
丰树商业信托组合	8 920.0[3]			8 900.0	7 039.0

注：1. 怡丰城的估值由第一太平洋戴维斯估值及专业服务公司提供，丰树商业城一期与二期、港务集团大厦、丰树安顺大厦及MLHF大厦的估值由世邦魏理仕提供。
2. 参照商定物业估值。
3. 基于目前的市场状况，出于善意的考虑，管理人将选取现行估值和最新估值中较低的一个为基准，收取2021年度的基本管理费。

---- 经　验　教　训 ----

虽然所有的商场都遇到了同样的问题：被要求关闭非必要消费的店铺，采取措施保持社交距离，以及大概率预期租金续约率下降，但

是各个商场受到的影响不同。聪明的投资者应该知道一只零售 REIT 的抗压性和它持有的商业物业里的租户组合密切相关、休戚与共。最好的零售 REITs 有别于其他 REITs，在未来的岁月里也会表现得更为优异。

疫情对工业 REITs 的影响

事实证明，对比酒店和零售 REITs，工业 REITs 的股价更具弹性。疫情放大了供应链管理、物流和电子商务的重要性。规模较大的工业 REITs，如腾飞房地产信托、丰树物流信托（见图 2.1）和丰树工业信托等的股价在大跌之后的反弹中达到了危机之前股价水平上下 10%～15% 的范围。拥有数据中心的吉宝数据中心信托，仅用了 4 周时间就从 2020 年 3 月 23 日的低点反弹到危机前的价格水平（见图 2.2）。

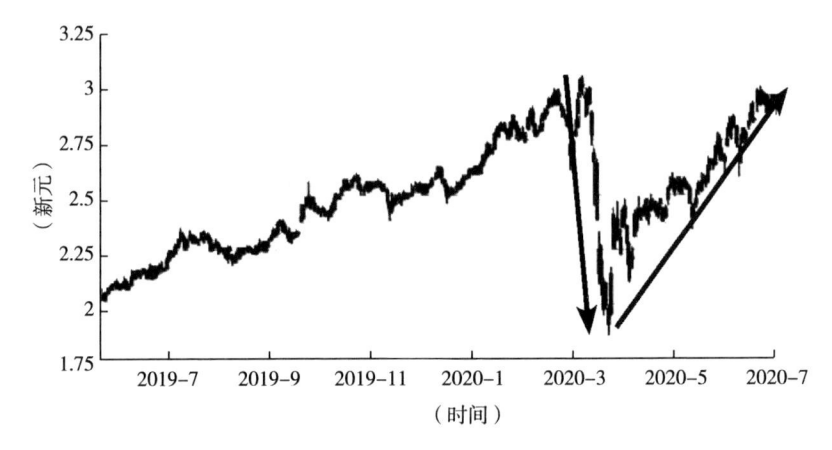

图 2.1 丰树物流信托在反弹中迅速恢复到危机之前
股价水平上下 10%～15% 的范围

资料来源：ShareInvestor。

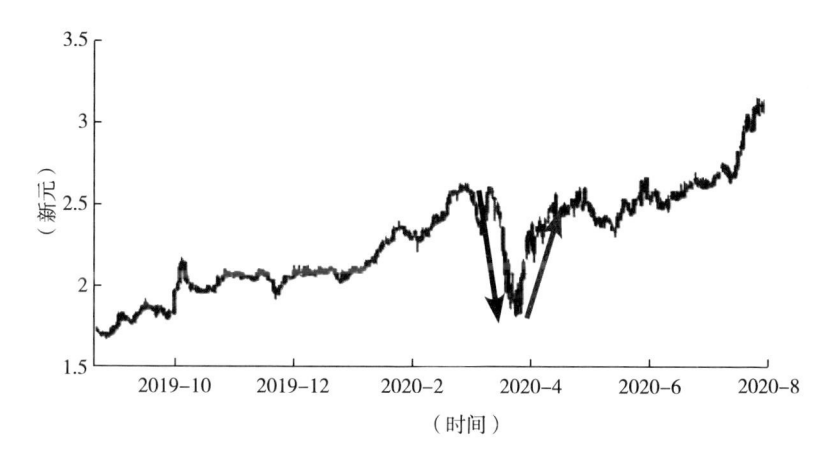

图2.2 吉宝数据中心信托仅用了4周时间就反弹到危机前的
2.50~2.55新元的水平

资料来源：ShareInvestor。

大多数工业REITs随后报告说，它们的租户涉及的行业板块刚好被认为是必要产业，因此被允许继续经营。因此可想而知当这些工业REITs公布2020年一季度季报以及报告最新业务进展的时候，大多数REITs并不觉得有必要减少股息，因为只有很小一部分租户实际上要求延期交租。

吉宝数据中心信托、丰树物流信托和腾飞房地产信托都没有减少股息，丰树工业信托扣留了一小笔价值660万新元的股息，因为它的租户组合里中小型企业占了50%~55%，相比而言，腾飞房地产信托的租户组合里中小型企业只占20%~25%。

疫情危机中最有弹性的REITs和表现最差的REITs

为什么医生总是能够如此自信地区分开心脏病发作和头痛？这是

因为他们广泛研究两者的症状。同样,在 GCP 环球过去的 30 年里,我们也通过培训投资者在早期就广泛研究那些有问题的 REITs,并提早预警,从而避免价值陷阱。

心脏病、中风或是癫痫,这些病随时可能发作,给受害者带来剧烈的疼痛和可能的抽搐。类似地,疫情危机就像是一次考试,好的 REITs 自然脱颖而出。在危机期间,也有类似抽搐的时刻,给我们的投资组合带来巨大的伤害,但那些强势 REITs 总是能够反弹得最快,而弱势 REITs 则反弹最少、速度最慢。我们将在第四章和第五章中讲述优质 REITs 都有哪些特征,然后在后续章节中讨论价值陷阱。

在病毒引发的股市下跌期间,表现最差的 5 只 REITs 跌幅为 48.00%~74.86%。大多数酒店 REITs 包括美鹰酒店信托、亚腾美国酒店信托、城市酒店信托和力宝印尼商场信托等是我们一再告诉我们的投资者要避免的 REITs,早在 2019 年之前,我们就提到过这个问题。

相比之下,排名前 5 的 REITs 在新冠疫情引发的资产下跌期间基本保持了原有的价格。实际上,吉宝数据中心信托和丰树物流信托在 2020 年 4 月底的时候甚至超过了危机之前的价格。所有这 5 只 REITs 都是我们在 2019 年之前多次推荐的,它们是我们一直长期青睐的 REITs(见表 2.4)。[1]

---

[1] 资料来源:"Picking S-REIT Winners For 2020", GCP Global, 8/2/2020, https://gcpglobalsg.wixsite.com/gcpglobal/post/picking-s-reit-winners-for-2020. "Singapore REITs – Replete With Splendour," GCP Global, 12/1/2020, https://gcpglobalsg.wixsite.com/gcp-global/post/singapore-reits-replete-with-splendour.

表2.4 新冠疫情期间表现最好的5只REITs

2020年1~4月最具弹性的REITs	2019年12月31日股价（新元）	2020年4月30日股价（新元）	价格变化（新元）	涨跌幅（%）
吉宝数据中心信托	2.08	2.35	0.27	12.98
丰树物流信托	1.74	1.80	0.06	3.45
腾飞房地产信托	2.97	2.97	0.00	0.00
百汇生命产业信托	3.32	3.30	-0.02	-0.60
丰树工业信托	2.60	2.55	-0.05	-1.92

很多中小工业REITs由于对中小企业客户的风险敞口较高，而不得不减少股息。可以明显看出，将物业出租给优质客户，特别是在重要服务领域的跨国企业和蓝筹租户，面临的出租违约或延迟交租的风险最小，它们也最有可能签署长期租赁协议。仔细研究REITs背后的租户并对它们的财务健康进行压力测试至关重要，因为这些信息可以告诉我们，这些租户能否经受住财务考验。这也正是我们一直强调的，租户的财务真实性是确保REITs租金收入安全的关键，而对投资者而言，租金收入的安全就意味着每股股息的安全。

总结

新冠疫情过后，我们在选择行业板块和REITs个股的时候，最需要关注的是租金收入、租金增幅、空置率、租赁合同到期情况、杠杆比例、基金费用以及利息覆盖率等因素，REITs能否保持明显可见的现金流用于发展，能否在股息和保留资金之间达到适当的平衡，是我们需要关注的新指标。

因此，对于REITs投资者来说，专业化细分领域的REITs明显在过去表现出了更好的弹性，如数据中心和医疗保健REITs等，尽管其经济数据可能在未来的一两个季度很糟糕，但在之后的复苏中它们会表现得更好。那些规模更大、更多元化和有防御性的工业REITs也可以更快地改善其资产负债表，它们也将更具弹性。

新冠疫情危机引发的市场抛售使REITs的差异显露无遗。事实上REITs板块的命运和个股差异非常明显，因此在不同的市场时机正确地挑选行业板块和REITs个股对于赚钱和增长财富而言至关重要。好消息是目前利率几乎为零，这会不会是全球金融危机过后的历史重演？2008—2015年利率水平一直保持在低位，几乎为零。美联储只是在2015年12月和2016年12月分别加息25个基点，然后在2017年才有机会3次加息累计为75个基点。很明显，利率长时间在低位徘徊的时期通常就是REITs蓬勃发展的时期。

──────── 经 验 📄 教 训 ────────

新冠疫情危机引发的市场抛售使REITs的差异显露无遗。事实上REITs板块的命运和个股差异非常明显，因此在不同的市场时机正确地挑选行业板块和REITs个股对于赚钱和增长财富而言至关重要。

掌握恐慌心理学

出现危机时,我们通常需要了解恐慌心理学,这与学会做基本面和技术面分析一样重要。

这是我在经历了 1987 年和 1989 年股市崩盘、1998 年亚洲金融危机和 2008 年全球金融危机后获得的经验。这一轮的危机则再一次证实了以下经验:

1. 投资者在进行投资风险收益预测时通常准备不足,他们很难理解和掌握不确定性数学、概率统计和蒙特卡洛统计模型。① 奇怪的是,那些顶尖的大学总是教授确定性数学,如三角、微积分和几何,却不教那些能够帮助投资者量化恐慌与不确定性的不确定性数学。所以投资者和交易员经常反应过度也就毫不奇怪了,就像他们这次在连续四周的抛售中表现的那样,直到 2020 年 3 月 24 日才出现惊天大逆转。
2. 在危机市场里,投资者担心不确定性,但是危机时刻也正是不确定性最大的时候。危机会让人们感到失落、绝望和恐慌。在这种情况下投资者最希望得到确定的答案,可也正是在这种情形下,没有人有确定的答案。只有当市场大概率判断坏消息已

---

① 资料来源:"Confabulation is a real problem amongst REIT investors",https://gcpglobalsg.wixsite.com/gcpglobal/post/confabulation-is-a-real-problem-amongst-reit-investors.

经出清而且价格已经反映这种程度时，才是决定赚钱与否的时候。

3. REITs 价值的驱动因素包括现金流、增长和风险，而市场价格由影响供需平衡的诸多因素来决定，包括心理或行为因素，如市场趋势、恐慌程度和实时情绪等。市场价格并不总是接近内在价值，在危机时刻更是如此，市场趋势、恐慌程度和实时情绪主导价格走势，影响远超基本面和技术分析。市场本身就是一个定价机制，在新冠疫情这样的危机中更是如此，就像在以前的危机中证实过的那样。只有在价格稳定以后才会向原有的定价机制倾斜。

危机时刻 REITs 不是分散风险的好工具

许多投资者曾经认为 REITs 是一个投资组合的多样化工具，并且喜欢 REITs 像债券一样稳定的股息。疫情危机让人们看到 REITs 的交易其实更像其他上市股票，而不像它们所代表的更稳定的房地产物业或债券。尽管过去的 REITs 股息很像债券，但其价格波动不比股票小。事实上，在很短的一段时间内，REITs 的跌幅超过了危机期间上市股票的跌幅，在上次全球金融危机期间也有同样的表现。

不仅如此，REITs 被证实与更广泛的股票市场关联度很高。根据汤森路透的数据，全球 REITs 和全球股票的关联度已经由 1989 年 12 月~2017 年 12 月的 0.59 增长到 2009 年 12 月~2017 年 12 月的 0.69。

对于新加坡 REITs 来说，随着投资者广泛跟踪的、代表新加坡股市的富时海峡时报指数中 REITs 数量的增加，新加坡 REITs 与股市的关联度也在上升。

2019 年 9 月 25 日，丰树商业信托加入了由 30 只股票组成的新加坡富时海峡时报指数，之后丰树物流信托也于 2019 年 12 月 5 日加入了富时海峡时报指数，成为指数成分股中的第 5 只 REITs，另外 3 只分别是凯德商用新加坡信托、腾飞房地产信托和凯德商务产业信托。接着丰树工业信托于 2020 年 6 月 22 日加入指数，权重 1.6%，这使得富时海峡时报指数中的 REITs 总数达到 6 只，加总权重约 12.5%。

更有意思的是，富时海峡时报指数现有的备选名单上有 5 只备选股，包括网联宽频信托、吉宝数据中心信托、新达信托、吉宝亚洲房地产信托和星狮物流与商业信托，其中有 4 只是 REITs。

尽管人们认为 REITs 风险低，但由于其交易特征更像上市股票，因而 REITs 会在严重的市场压力和市场动荡的时期产生更大的风险，正如新冠疫情期间所表现的。因此，聪明的 REITs 投资者应该认识到这一事实，准备好在危机到来之前就出售或减配投资组合里那些不好的 REITs 或是价值陷阱，同样也要准备好抓住市场的强势反弹。从过去的危机和眼下的危机的表现看，历史上 REITs 总是上演强势反弹。

—— 经验 📋 教训 ——

尽管人们认为 REITs 风险低，但由于其交易特征更像上市股票，因而 REITs 可以在严重的市场压力和市场动荡的时期产生更大的风险，正如新冠疫情期间所表现的。因此，聪明的 REITs 投资者应该认识到这一事实，准备好在危机到来之前就出售或减配投资组合里那些不好的 REITs 或是价值陷阱，同样也要准备好抓住市场的强势反弹。从过去的危机和眼下的危机的表现看，历史上 REITs 总是上演强势反弹，危机是让你的 REITs 财富翻倍的信号。

黎明前的夜色最黑暗

2020 年 3 月 19 日（星期四），我们在脸书上开始了一个每周直播的节目，题目是"穿越危机市场"。[①] 在直播里我们告诉观众：市场总是在黎明前最黑暗，因为坏消息总是接踵而至。

5 天以后，2020 年 3 月 24 日（星期二），市场开始反弹，道琼斯指数收涨 2 112.98 点，涨幅 11.37%，这是历史性的一刻，是道琼斯指数自 1933 年 3 月 15 日至今表现最好的一天。

---

① 资料来源："Navigating the Current Crisis Market-The Key Psychographics Needed"，GCP Global，https://www.facebook.com/watch/live/?v=323200522318452&ref=watch_permalink.

事后看来，市场在熊市底部总是缺少理性。但在像现在这样的实时市场中，恐惧和贪婪是主流。聪明的投资者需要学会区分REITs潜力股之间的差别，并且要忍受当下的波动，因为波动正好给我们创造了机会，我们可以乘胜前进。

我从过去的危机中还学到一点，那就是市场总是会提前反应。我们之所以能够准确地解读这场危机，是因为我们长期坚持的投资和市场行为的理念和态度。市场今天看起来可能很糟糕，明天或下一周可能更可怕，但聪明的投资者应该认识到这才是造富的时机。[1]

总结

REITs已经发展成为流动性较好的机构投资类别。更好的流动性带来更大的波动，如果学会适当地解读并加以利用，可以带来巨大的回报。

随着REITs行业的发展，REITs个股的表现优劣不再由总体行业趋势和系统性风险来决定，而是由非系统性的、公司个性化的特点来决定。行业板块、物业类型和许多因素叠加起来，决定了不同经济环境下的投资收益，就如最近的新冠疫情危机一样。

我希望在本书中和你分享这个充满激情与乐趣的领域，同时你也可以通过投资REITs来稳健持续地创造财富。

---

[1] 资料来源："Fortune Favours the Bold Investor", *The Sunday Times*, 4 November 2009.

MAKING YOUR MILLIONS in REITs

第三章

为什么你应该在投资组合里持有 REITs

很多投资者购买REITs主要是为了有吸引力的股息收益率，以及比政府债券和其他有竞争力的房地产投资更高的利差。REITs以其独有的特点，对追求收益的投资者和追求成长的投资者都具有吸引力。它像股票一样交易，价格也会波动，但是REITs会把它很大一部分收益以股息的形式派发给投资者。事实上把REITs放入一个平衡的投资组合里还有其他更令人信服的理由。

大多数投资者，特别是亚洲的投资者，一旦积累了足够的资金和财富，都会青睐于房地产直投。由于股票、债券和REITs对于同样的经济变化有着不同程度的反应，将这些资产放在一起作为投资组合可以相互补偿风险和收益，增加组合投资的稳定性。这就是当投资者建立一个分散投资组合时最好将REITs加入其中的原因。

直接持有物业确实有一定的好处，但是相对而言，投资REITs的好处比前者更明显。我预计选择投资REITs在趋势上会变得更加持久稳定，因为投资者越来越理解 REITs 不仅比直接持有房地产物业更好，也比其他很多资产类别都好。

其实不难理解为什么相比其他资产类别 REITs 表现更为优异。考虑到复利的强大作用，REITs 持续稳定的股息是取胜的关键。

股息

股息收益的稳定是投资 REITs 的一个主要原因。因为有长期租赁合同，租客交付的租金收入为 REITs 提供了相当稳定的现金流。人们看好 REITs 现金股息的有序和稳定，REITs 的股息收益率甚至比其他资产类别，如股票、债券、房地产和中央公积金利率都更有吸引力。

第四章会讨论 REITs 股息的特点并对股息收益率进行分析。这可以帮助投资者判断 REITs 股息的可持续性，而这也恰好是大多数投资者在新冠疫情期间特别关心的重要话题，毕竟在很多国家不管什么类型的 REITs 都面临租金滞缴的情况。

从指数看，REITs 有相对合理稳定的股息发放率，这样人们在评估 REITs 价格的时候就可以用股息收益率作为指标。股息收益率高通常代表价格合理，股息收益率低通常代表 REITs 价格偏贵。这样人们就可以用收益率差作为估值标准。

收益率差 = REITs 股息收益率 − 10 年期国债收益率

收益率差在不同的利率环境下会有所变动。

对于希望获取当期收益的人来说，REITs 是非常具有吸引力的投资，前提是 REITs 的负债平衡表相对保守，资产质量良好，并且有优秀的管理人和发起人。当 REITs 拥有这些特质的时候，它的每股股息通常可以持续稳定地增长，而这些 REITs 也正是投资者应该投资的。

------ 经 验 教 训 ------

股息收益的稳定是投资 REITs 的一个主要原因。因为有长期租赁合同，租客交付的租金收入为 REITs 提供了相当稳定的现金流。对于厌恶风险的投资者来说，投资 REITs 可以持续稳定地获得每股股息的增长而不需要过度承担风险，这肯定是增长财富的绝佳途径之一。

总收益

总收益 = 收到的每股股息总额 + 资本利得（或利损）

REITs 的每股股息比较稳定并且可以预测，这有助于提高 REITs 的总收益。就像前面所说的，在很多拥有 REITs 的国家和地区，长期来看 REITs 都跑赢了股票、债券和房地产，这也使得 REITs 受到很多基金、机构资金、家族办公室和散户投资者的青睐。

正如我们在前面详尽阐述的，那些勤勉机敏的投资者如果投资对了 REITs，选择了那些能够带来 8% 年化收益率的 REITs，就可以挣到很多钱，甚至成为百万富翁。这也意味着如果投资者在 IPO 的时候就投资这些 REITs，投资者的投资每 8 年半就会翻一番。

流动性

在公开市场交易的 REITs 既给投资者的组合提供了增加房地产收益的机会，又无须承担直投房地产面临的流动性风险。这是因为 REITs 可以在证券交易所以任何数量公开交易，买卖价差也很小。这不像直投房地产在买卖时通常需要几个月甚至是几年的时间，特别是利率环境不好或是房地产市场交投清淡的时候。REITs 使得投资者能够以一个流动性好且很方便的方式进行房地产投资。

作为一个流动性好且有即时价格的投资品种，REITs 带给投资者以灵活性，让他们可以迅速调整资产类别，以简单而又低成本的方式投资到房地产这一资产类别中。

人们每天都在新加坡交易所买卖 REITs。截至 2020 年 6 月，新加坡交易所共有 43 只 REITs，总市值接近 1 000 亿新元。过去 10 年里 REITs 的成交量在新加坡交易所的总成交量中的占比不断增加，现在大约占 30% 的每日成交量。新加坡 REITs 目前占新加坡交易所总市值的 15%。实际上新加坡 REITs 的市值在过去 10 年以每年 15% 的年均复合增长率快速增长。除了机构和散户投资者，还有很多 REITs 公募基金和交易型开放式指数基金在投资和交易 REITs。

── 经 验 📄 教 训 ──

作为一个流动性好且有即时价格的投资品种，REITs使得投资者可以很快地调整他们投资组合的风险收益特征。它带给投资者灵活性，让他们可以迅速调整资产类别，以简单而又低成本的方式投资到房地产这一资产类别中。同时，如果掌握了正确的知识，投资者还可以在交易中实现盈利。

分散投资组合

从长期来看，采取分散投资组合的投资者会获取更好的收益，因为分散投资可以减少组合的波动率并且减轻一种资产类别的损失。尽管一个分散的组合不能获得特别高的收益，但历史证明缓慢而持续才能最终取胜，这是因为一些投资的收益可以抵消另一些投资的损失，因而在降低组合风险的同时提高了总体收益。

REITs通常在某个行业板块或地区持有多个物业组合，当然也可能跨行业板块和跨地区。它们通常有分散的租户池，相比直接投资房地产物业，REITs可以降低风险，减少对某一个物业或租户的依赖，使投资者有机会运用较少的资金就能投资一个分散的房地产物业池或组合。

多项研究表明，REITs是一个有效的分散投资组合的工具。结合不同的技术、数据来源、研究期限和地域，人们发现 REITs 可以在不增加风险的同时提高组合收益率，或是在不改变收益率的同时减少风险。

这其实不难理解，因为通过 REITs 投资房地产通常有其独特的驱动因素和周期，在特点和程度上与投资股票、债券和房地产物业不完全一样。

许多研究表明，REITs 之所以能够跑赢市场，主要是因为 REITs 股息通常很坚挺而且稳定。除此以外还有一个重要因素，那就是 REITs 与股票、债券、直投房地产之间关联度非常低。例如，股票的驱动因素包括商业周期和经济波动，当商业周期在扩张时，股票市场收益高；但是当周期收缩、经济陷入衰退时，股票通常会下跌。REITs 则可能受完全不同的房地产周期的影响，跟商业周期相反或是上下波动的周期长度不同，这就有效地分散了投资风险。

通常来说，关联度是"＋1"意味着价格高度相关并且变化方向一致，而关联度是"－1"则意味着价格高度相关但是变化方向相反。在大多数地区，REITs 通常与其他资产类别在不同时期的关联度小于0.8。换句话说，当其他资产类别收益不佳时，REITs 收益在上升，反之亦然，使一个分散投资组合的整体波动率变得更平缓。

REITs 通常和其他资产类别的关联度低于平均值。尽管它们也受市场趋势的影响，但它们的表现通常会偏离股票债券等主要市场指数，这样的表现让 REITs 在不增加风险的同时成为一个有效的对冲工具。

越来越多的新加坡 REITs 给投资者提供了新加坡以外的分散机会，

因为它们为了提高收益率，完成了很多物业收购，从韩国首尔到美国西雅图。实际上大约80%的新加坡REITs目前持有新加坡以外的物业，这就自然为投资者提供了地理上的分散性。但这也意味着目前只有5只REITs 100%持有新加坡物业，它们是凯德商用新加坡信托、星狮地产信托、丰树商业信托、远东酒店信托和易商红木信托。

——— 经 验　教 训 ———

多项研究表明，REITs是一个有效的分散投资组合的工具。结合不同的技术、数据来源、研究期限和地域，人们发现REITs可以在不增加风险的同时提高组合收益率，或是在不改变收益率的同时减少风险。

对冲通胀

经历了不同的周期后，人们已经证实REITs可以随着通胀提升租金，因此和债券不同，REITs可以有效地对冲通胀。从长期来看，REITs确实跟房地产收益关联度高，同时能够比房地产更好地对冲通胀，但是由于底层租赁合同带有不同的特点，不同的行业板块对冲通胀的能力也不尽相同。事实上新冠疫情让REITs再次受到投资者的关注，因为REITs与股票在危机抛售中的强关联度，让人们认识到REITs对冲通胀的能力不像之前想象的那样强，特别是在危机时刻。

如前文所述，REITs 的总收益跑赢了富时海峡时报指数。另外，股息增长通常比以居民消费价格指数（CPI）为指标的通胀要快。

投资者喜欢那些能够通过签订租赁合同将运营成本的增长转嫁给租户的 REITs。例如，投资者会更青睐于可以向租户收取水电、保险、房产税等的 REITs。这可以通过以下两种方式实现。

1. 在租赁合同里有每年提升租金的条款，很多数据中心和工业 REITs 通常都会有。
2. 签订三净租赁协议，由租户支付所有的运营费用，数据中心板块里的吉宝数据中心信托所签订的很多租赁合同就是这样。

这样做的结果就是 REITs 在调整通胀后也有盈利，即便在通胀环境里，REITs 也很具吸引力。

短期租赁合同及与通胀挂钩的租赁合同通常可以较好地抵抗通胀，因为房东可以更频繁地调整租金。这在通胀加速的时候是个优势，因为房东可以更快地把租金提升到市场水平。这种安排在酒店式公寓、酒店、公寓和购物中心等板块比较常见，而那些持有较长期的租赁合同的板块则正好相反，如医疗、三净租赁和数据中心等。

——————— 经 验 教 训 ———————

就像数据中心和工业板块中的很多租赁合同那样，通过签订带有每年升租条款的租赁合同或是由租户支付所有运营费用的三净租赁合同，REITs 在调整通胀后仍有盈利。这使得 REITs 即便在通胀环境里也很具吸引力。

财富多样化工具

REITs 是一个很好的财富多样化工具。很多研究证实，投资 REITs 可以帮助降低组合风险，提升组合回报，这个组合包括股票、债券、外汇、大宗商品和房地产。REITs 的长期总收益跟蓝筹股接近，比 AAA 投资级债券高。

对于那些认为股票波动太高、债券收益太低的投资者来说，REITs 很受欢迎，特别是在利率很低的情况下，而且投资 REITs 也没有直投房地产物业那么烦琐。对于其他投资品种而言，REITs 是一个很好的补充，它在市场动荡的时候通常比较抗跌。因为有很稳定的股息收益，REITs 对于喜欢被动收入的投资者和需要持续现金流来满足他们的日常花销的退休人员来说都是很重要的投资工具。REITs 在很多成熟市场广受欢迎，这包括美国、澳大利亚、日本、新加坡和中国的香港，在新兴 REITs 市场，如印度、菲律宾及即将发行 REITs 的中国境内也是一样。

综上所述，在投资组合里配置 REITs 可以减少总体波动，同时提升收益率。REITs 比债券有优势的另外一个原因是，债券到期只能拿回本金，而 REITs 则有可能实现长期资本增值。当然，就像在前文中所述的，聪明的投资者应该规避那些带给自己负收益的REITs。如果投资者选择为投资组合挑选一篮子REITs而不是单只REIT，他们可以选择不同的REITs指数基金和交易型开放式指数基金。这些产品通常是分散投资，流动性良好，并且投资成本低。

事实上，研究表明，1975—2006年这30年，一个组合如果买入一半股票一半REITs，年化收益可以达到15.2%，而单纯投资标普500指数只能获得年化13.5%的收益。锦上添花的是获得这样优异的成绩的同时风险还降低了12%。

过去的研究试图证明，将REITs加入一个分散的投资组合会提升组合的收益并实现投资分散，其假设是股票收益和REITs收益之间有较低的关联度。一个投资组合如果同时持有股票和REITs，会比单纯持有股票或单纯持有REITs的组合表现出更好的分散优势。人们测试了3种组合的有效边界，这包括纯股票组合、纯REITs组合及结合股票和REITs的组合，以比较三者的相似性和差异。包含不同资产类别的组合比单一资产类别的组合有更好的有效边界。因此可以得出结论，在和股票组合相比较的时候，REITs在分散投资方面优势明显，而这一现象的前提是REITs和股票两者之间有较低的收益关联度。

另外一个研究则重点分析了1981—1986年的一个REITs组合，发现REITs比股票组合更能够减少组合风险。这一发现在统计学上是非常显著的，研究认为REITs可以在短期内减少组合风险，但是考虑到商业房地产的强周期，因而其长期效果较难准确评估。

——— 经验 📄 教训 ———

将REITs加入一个分散的投资组合里，已经被证实可以提升投资组合的收益并且分散投资风险。REITs对其他投资类别是很好的补充，在市场动荡的时候通常比较抗跌。因为其稳定的股息收益，REITs对于喜欢被动收入的投资者和需要持续现金流来满足他们的日常花销的退休人员来说都是很重要的投资工具。

透明的公司结构

REITs行业被要求每季度或每半年披露业绩和每股股息，这也促使REITs形成了透明的公司结构，因为有众多的投资研究员、信用分析师、投资银行家和信用评级机构每季度或每半年就会评估REITs的表现。

按照新加坡金融管理局的相关规定，REITs必须将至少90%的盈利作为股息进行发放。这样一来每季度或每半年的每股股息表现就成为衡量REITs的很好的工具，这也成为我分析REITs的一个重要指标。[1]

---

[1] 资料来源："Singapore REITs-Replete With Splendour," GCP Global, 12/1/2020, https://gcpglobalsg.wixsite.com/gcpglobal/post/singapore-reits-replete-with-splendour; "The Ability to Deliver DPU Growth is the Key in SREITs Outperformance in 2018," GCP Global, 3/1/2019, https://gcpglobalsg.wixsite.com/gcpglobal/post/the-ability-to-deliver-dpu-growth-is-the-key-in-sreits-outperformance-in-2018.

对美国、澳大利亚、日本和新加坡 REITs 的调查显示，在过去 60 年里极少发现企业欺诈和不法行为，原因是 REITs 需要每季度或每半年发放现金红利，压力巨大。每股股息及股息增长的水平是衡量一只 REIT 好坏的重要标志。也许个别 REITs 管理人会偶尔隐藏一些收益，但最终要使 REITs 价格表现好，健康的每股股息和股息增长还是至关重要的。

——————— 经 验 ☰ 教 训 ———————

尽管也许会碰到个别小问题，但是优秀 REITs 的重要特点就是有健康的每股股息及良好的股息增长。过去 20 年里，那些能够持续发放股息并且股息不断增长的新加坡 REITs 最终胜出。

MAKING YOUR MILLIONS in REITs

第四章

如何评估 REITs 的业绩表现

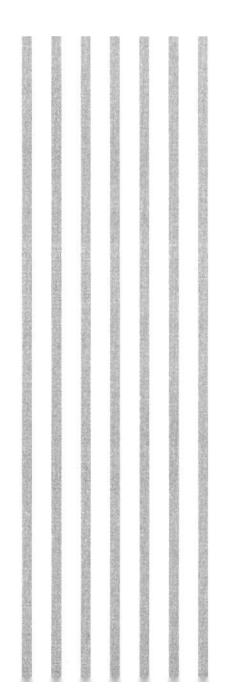

这一章的内容主要是为投资者提供一些估值模型，帮助投资者理解并评估 REITs 的表现。同时我也会跟大家分享自己的亲身经历，在过去 20 年里我在各种午餐会、季度业绩报告会和投资者会议中跟许多 REITs 的首席执行官或是投资者关系负责人有过交流。

投资者把足够多的市场知识和经验很好地结合起来，就能够挖掘出重要信息，研判 REITs 的好坏。聪明的投资者从中可以预见到 REITs 的盈利能力、财务弹性、股息稳定性、管理能力及其长期发展前景。

财务报表通常每年都会被独立审计，因此是一个可信赖的信息来源，帮助我们更新 REITs 的财务健康状况。将年报和季报结合起来看，聪明的投资者就可以在股价反映出这些变化之前，比其他人更早地判断出 REITs 的变化方向和细微差别。

运营损益指标

有几个不同的指标可以用来判断 REITs 运营的相对优势与弱点。

净物业收入（NPI）

REITs 反映的是它持有的房地产物业的状况。REITs 签署的物业租赁合同最终决定 REITs 的盈利，投资者如果想得到稳定的股息就需要仔细研究这个部分。

$$净物业收入 = 租金收入 + 租户支付的费用 - 所有物业费用 - 物业税 - 保险费用$$

净物业收入主要衡量单独在物业层面的盈利状况，不考虑 REITs 在公司层面的管理费用或财务战略。净物业收入是评估 REITs 物业在扣除物业费用后的重要盈利指标，也可以由此看出物业成交价格的高低。对于任何 REITs 而言，它都是一个衡量其组合物业基本面的有力指标。

总的来说，房地产或 REITs 投资的安全特性主要取决于物业层面的收入和费用是否可预测并相对稳定，因此净物业收入就是一个衡量 REITs 运营效率的很好很可靠的指标。除了物业相关的费用，计算净物业收入时也包括了支付给 REITs 管理人的物业管理费用、托管费、物业贷款的利息、审计和其他专业服务费用。除此以外，任何固定押金赚取的利息收入也要加进净物业收入中。

净物业收入是一个判断 REITs 管理能力的重要指标。从长期看，一个好的 REITs 管理团队，通常可以保持稳定并高于均值的同比增长。有能力长期保持良好的净物业收入同比增长的 REITs，最终也会给股东带来优异的年化总收益。

要想评判一个管理团队的表现，可以看过去 5 年、10 年或 15 年报告的净物业收入同比增长的数据，以及跟同业相比的年化总收益。通过这些指标，投资者可以对 REITs 管理团队的长期表现进行排序（见图 4.1）。

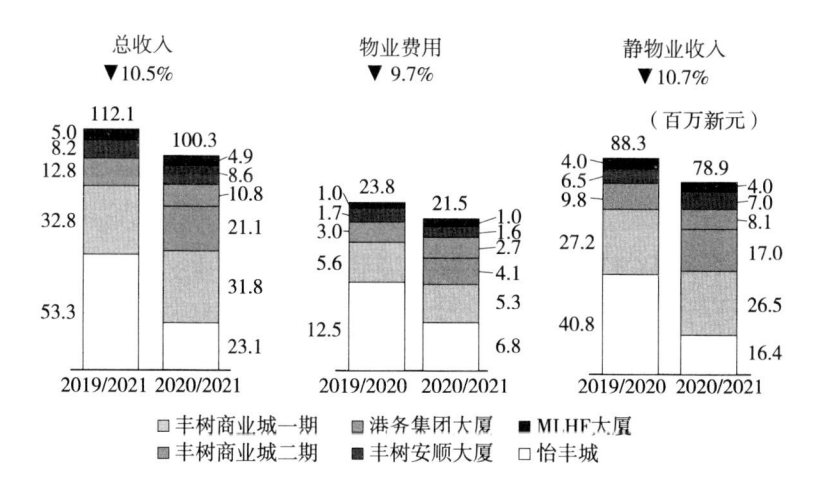

图 4.1 丰树商业信托 2020/2021 年一季度收入和净物业收入

注：2020/2021 年一季度总收入和净物业收入分别下降 10.5% 和 10.7%，主要原因是给受新冠疫情影响的租户减租。

2021/2021 年一季度净物业收入的数据有四舍五入的因素，故和总数据有出入。

例如，丰树商业信托 IPO 以来一直表现优异。股价也从 2011 年 4 月 IPO 时的 0.88 新元上涨至 2020 年 6 月 30 日的 1.93 新元，涨了一倍多。来自股价上涨的收益就达到119.32%,再加上累计每股股息0.344,丰树商业信托的总收益达到1.394,相当于158.41%。转化成过去9年的年化收益就是12.60%。如果年复合增长超过10%,投资者可以在7年半的时间里将他们的投资翻一倍。

表4.1展示了为什么丰树商业信托是我们过去10年偏爱的REITs之一。通过收购丰树商业城二期,丰树商业信托实现了更高的净物业收入,同时保持了其他物业净物业收入的增长,也就是同比正增长。例如,它的主要资产怡丰城从2006年开业以来每年都保持了净物业收入的正增长,只是受新冠疫情影响,丰树商业信托计提了4 370万新元用于给受疫情影响的怡丰城零售租户减租。

表4.1 丰树商业信托的股价收益、总收益及自IPO以来的年化收益

IPO时间	IPO价格	截至2019年年底每股股息	2020年一季度每股股息	每股股息加总	
2011年4月27日	0.88新元	0.3349新元	0.0091新元	0.3440新元	
2020年6月30日价格	涨幅	总收益	总收益率	年化收益加总	年化收益率
1.9300新元	219.32%	1.3940新元	158.41%	2.2740新元	12.60%

投资者要特别小心那些现有物业面临净物业收入下滑,却快速扩张和收购的REITs。通常我们需要了解管理人是真的因为资产质量好才去完成新的收购,还是因为现有物业业绩下滑,故而用收购带来的物业净收入来粉饰业绩。投资者应该尽可能地确定现有物业的同比增长保持强劲。如果REITs能够一直保持物业同比正增长,投资者自然

会对REITs管理人未来的资产收购更有信心。

---- 经验 教训 ----

房地产或REITs投资的安全特性，主要取决于物业层面的收入和费用是否可预测并相对稳定，因此净物业收入就是一个衡量REITs运营效率的很好很可靠的指标。净物业收入还是一个判断REITs管理能力的重要指标。从长期看，一个好的REITs管理团队通常可以保持稳定并高于均值的同比增长。

净物业收益率

净物业收益率＝净物业收入/物业价值（%）

净物业收益率是衡量一只REIT未来物业收入的重要方法。REITs在现在和将来可能获取的收益是关键因素，投资者可以以此判断REITs是做了一个正确的收购决定，还是只想通过扩张其物业组合来收取更多的管理费。

净物业收益率是计算年度收入和运营费用占物业成本或市场价值的百分比。在计算净物业收益率时需要注意区分毛收益率和净收益率。前者是扣除费用之前的所有收入，而后者要计入所有的运营费用、管理费、维护费、印花税及空置成本。海外物业毛收益率和净收益率之间差距显著，因此需要特别关注和仔细研究REITs的海外收购。

我一直强调聪明的 REITs 投资者应该学会计算物业的净物业收益率,当 REITs 将多个物业打包作为一个组合收购的时候更要如此。这是因为净物业收入代表着租户实际付给 REITs 的现金流,这里面没有假设或预估数据。其他估值方法包括基于最近的物业买卖、资本化率比较或重置成本等,但是计算实际收入可能最能准确反映实际价值。

例如,在评估凯德商用中国信托截至 2019 年年底的所有中国零售商场的组合估值时,13 个购物中心的平均净物业收益率是 5.7%,但是各个物业的实际净物业收益率差别很大,乐峰广场低至 4.2%,七宝购物广场则高至 10.6%。就算是在北京的三个物业——西直门、望京和大峡谷之间的估值差别也很明显,资本化率为 4.3%~6.4%(见表 4.2)。

不同的净物业收益率反映了中国不同地区的商业活力、经营信心和入住率,也反映了人口聚集区域及一个省市或地区的收入增长速度。

例如,凯德商用中国信托在广州收购乐峰广场时净物业收益率只有 3.7%。乍一看凯德商用中国信托收购了一个低收益物业,但是继续研究并询问首席执行官后,我们得知该物业因为需求强劲吸引了很多买家,推高了售价,所以导致了净物业收益率比较低。

投资者在评估 REITs 在物业收购方面的表现时,需要尽可能地考察其买入并保持优质资产的可能性。评估需要考虑如下要素:是否有高质量的租户、适用性、供需平衡、地理位置及该区域未来的政府规划等。

表4.2 凯德商用中国信托持有的中国零售购物中心资产组合的价值
（截至2019年年底）

物业种类	投资物业名称	截至2019年12月31日价值（百万元）	截至2019年6月30日价值（百万元）	涨幅（%）	净物业收益率（%）	可租面积价值（元/平方米）
多租户购物中心	凯德Mall西直门	3 580	3 453	3.7	6.2	43 094
	凯德Mall望京	2 772	2 677	3.5	6.4	40 759
	凯德Mall大峡谷	2 125	2 111	0.7	4.3	30 371
	凯德Mall学府	1 792	—	—	6.1	17 182
	凯德Mall新南	1 600	1 586	0.9	6.2	29 840
	凯德Mall雨花亭	760	—	—	6.0	12 975
	凯德Mall埃德蒙顿	480	—	—	5.3	11 061
	凯德Mall七宝	435	459	-5.2	10.6	5 981
	凯德Mall民众乐园	490	515	-4.9	—	11 746
	乐峰广场	3 425	3 403	0.6	4.2	40 973
整租购物中心	凯德Mall二七	645	645	—	5.3	6 984
	凯德Mall双井	610	593	2.9	6.2	12 332

第四章 如何评估REITs的业绩表现

（续表）

物业种类	投资物业名称	截至 2019 年 12 月 31 日价值（百万元）	截至 2019 年 6 月 30 日价值（百万元）	涨幅（%）	净物业收益率（%）	可租面积价值（元/平方米）
持有待售	凯德 Mall 赛罕	460	460	—	8.9	10 969
装修中	凯德 Mall 诺和木勒	857	—	—	—	11 231
物业组合汇总		20 031	15 902	26.0	5.7	

REITs 过去在宣布物业收购方案时通常对投资者很友好，会尽可能地提供上述信息。但是自从 REITs 开始进行大规模组合收购，涉及多个物业、多个地区，而不是单个物业时，这种详尽的信息分享就变得比较少见了。

相反，进行组合收购的 REITs 通常选择只披露净物业收益率的平均值，即所有要收购的物业的简单平均。在我看来，具体到每个物业的参数至关重要，这样只披露均值的做法太过随意，因为大家对于交易均值的解读会千差万别。

以克伦威尔欧洲房地产投资信托最近的收购为例。

2019 年 6 月 21 日，克伦威尔欧洲房地产投资信托发布公告称计划以 2.469 亿欧元收购 6 个物业。三个在法国巴黎，两个在波兰克拉科夫，还有一个在波兰波兹南。公告前一个交易日内的股价最高为 0.53 欧元。

2017 年，克伦威尔曾经试图 IPO 但是没有成功，因为当时计划的

IPO 资产组合里除了位于德国、荷兰、丹麦、芬兰和意大利的写字楼和工业仓储外，还有几个波兰的资产。投资者普遍认为波兰的物业风险比较高。后来克伦威尔决定将波兰资产剔除后再次提交 IPO，并于 2017 年 11 月以 0.55 欧元的价格挂牌上市。

2019 年 6 月 21 日宣布收购的 6 个物业使得克伦威尔在波兰的风险敞口从 IPO 时的 0 上升至 IPO 之后的 11.8%。

我对于 REITs 公告收购一篮子资产总是很警觉，因为混合在总体中的数字实际上经常掩盖其中个别资产的关键参数，诸如净收益、净物业收入增长和每股股息增长等。

例如，克伦威尔 2019 年 6 月 21 日的收购价格初看非常好，净收益率高达 7.4%，比现有写字楼组合 5.8% 的收益率高出不少。但是仔细分析后发现，克伦威尔的两个克拉科夫物业初始收益率为 7.5%，而波兹南的物业收益率更高，达到 8.0%。这意味着另外 3 个巴黎物业，也是更主要的物业，是以低于 7.15% 的净物业收益率收购的。事实上巴黎物业的收购价格的净物业收益率为 6.5%，比波兹南物业低了 1.5%。这样一来，尽管整个组合是以 7.4% 的净物业收益率来收购的，第一眼看上去还不错，聪明的投资者也应该注意到这个物业组合中不同物业的净物业收益率存在巨大差异（见表 4.3）。

而仔细分析后我们又发现，位于大巴黎地区的 Cap Mermoz 物业的净物业收益率实际为 6.1%，另外两栋位于 Paryseine 和 Lenine 的物业净收益率为 6.8%。后面两栋物业实际上不是典型的甲级写字楼，而是三层高的仓储物业，这种物业通常风险较高，这也解释了为什么净物业收益率会接近 7%。

表 4.3 克伦威尔欧洲房地产投资信托 2019 年 6 月 21 日的收购情况

项目	收购价格 （百万欧元）	净物业收益率 （%）	加权平均 （%）	物业数量
巴黎	78.90	6.50	2.07	3
克拉科夫	80.00	7.50	2.42	2
波兹南	88.80	8.00	2.87	1
合计	247.70		7.36	

克伦威尔通过私募增发 3.28086 亿股，融资 1.50 亿欧元来完成这个收购交易。小股东因为没有机会参与这次定价在 0.46 欧元的增发，实际上被稀释了股权，因为这次私募增发的定价比增发前一天（2019年 6 月 20 日）的交易量加权平均价 0.5091 欧元有一个显著的 9.6% 的折扣（该折扣比其他在 2019 年发行的私募 REITs 给予的折扣都大），如果再算上 2019 年 6 月 20 日的大宗交易，交易量加权平均价就是 0.5209 欧元，折扣就进一步扩大至 11.7%。

2019 年 6 月 21 日的收购是克伦威尔在 2017 年 11 月 IPO 以后的第五次，融资是第二次。据统计，相比 IPO 时坐拥价值 13.54 亿欧元的 74 个物业，克伦威尔在完成这次收购以后，其物业组合包含了 103 个物业，价值 20.42 亿欧元，短短两年就增长了 51%，令人震惊。聪明的投资者马上就会想到的问题是：这些收购真的带来好处了吗？经过这些收购，投资者的每股股息有没有增加？尽管股价可以在短期内表现得像个投票机器，但长期看股价会反映 REITs 的增长策略是否成功。

上一个收购还没有尘埃落定，下一个收购又开始了。对于聪明的REITs投资者来说，评估每一笔收购至关重要，要弄明白到底这些收购是不是真的像收购前的路演报告里所描述的那样——提升了每股股息。投资者要特别关注这些收购到底在多大程度上提升了每股股息。

克伦威尔的股价在这之后就一直徘徊不前，在2019年年底跌至0.54欧元，低于其0.55欧元的上市价格。它的股价曾一度超越2017年11月30日上市时的0.55欧元，然后在2020年一季度又曾短暂地在IPO价格之上交易，随后在新冠疫情导致的抛售中跌至不到0.30欧元。这样看来，克伦威尔的股价在IPO之后的两年7个月里基本都处于首发价格以下。2020年6月30日股价收盘0.42欧元。如果想要好的投资表现，聪明的REITs投资者应该小心提防那些在特殊阶段表现低迷的REITs，因为长期表现不佳会导致终端财富的巨大差异（见图4.2）。

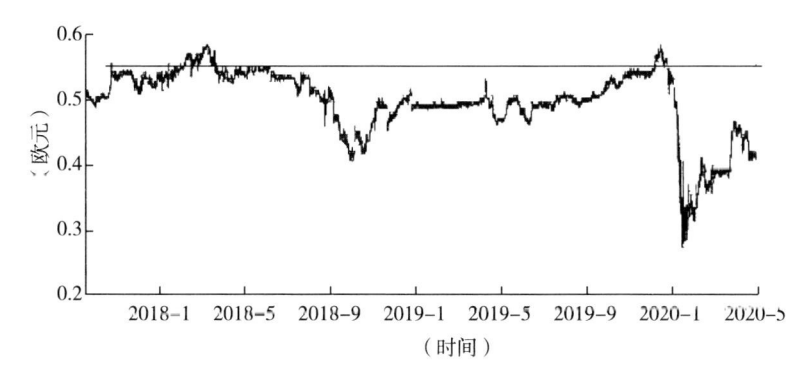

图 4.2 克伦威尔欧洲房地产投资信托自 2017 年 11 月 IPO 以来的股价表现
资料来源：ShareInvestor。

――― 经 验 ☰ 教 训 ―――

对于明智的 REITs 投资者来说，评估每一笔并购至关重要，要弄明白到底是不是并购的每一个物业都提升了每股股息，还是只是在混合平均的基础上提升了每股股息，通常 REITs 并购路演和公告中只强调后者。逐笔分析可以进一步了解那些高风险物业是否和优质资产打包在一起，这样自然可以提升净物业收益率。

利息覆盖率

利息覆盖率 = 税息折旧及摊销前利润（EBITDA）/所有利息费用

利息覆盖率计算出利润超出利息费用的倍数，这里提到的利息费用包括所有为 REITs 筹资所借贷款的利息成本。利息覆盖率直接受物业创收能力和贷款利息成本的影响。它和杠杆率一起可以很好地概括出 REITs 的财务状况，而且可以用来衡量 REITs 偿付其债务利息成本的难易。

所有的 REITs 要想蓬勃发展都需要借贷融资，成本越低越好。因此利息覆盖率就是一个很好的指标，它能告诉投资者一只 REIT 还可以加多少杠杆，也可以指出一只 REIT 是否收购得太快。它还可以告诉投资者当利率突然变化时，哪些 REITs（显然是高杠杆的那些）股价波动更大，更容易受到影响。

那些有很好的利息覆盖率的 REITs 通常要么资产负债表杠杆低，要么其物业有更强的创收能力，要么 REITs 发起人信誉更好，能够帮助 REITs 获得更低利率的银行贷款。

虽然对于一只 REIT 而言没有所谓的最佳利息覆盖率，但是过去的表现证明那些拥有最高利息覆盖率的 REITs，如吉宝数据中心信托和百汇生命产业信托的表现更为优异，一直跑赢那些低利息覆盖率的 REITs（见表 4.4）。

表 4.4 两只 REITs 的利息覆盖率 （%）

	2018 年 12 月 31 日	2019 年 3 月 31 日	2019 年 6 月 30 日	2019 年 9 月 30 日	2019 年 12 月 31 日
百汇生命产业信托	13.50	13.20	13.80	14.30	14.10
吉宝数据中心信托	11.20	12.90	12.90	12.70	13.30

吉宝数据中心信托从 IPO 以来就一直表现优异。2016 年 8 月 13 日，吉宝数据中心信托达到了 IPO 以来的一个转折点（那时其股价是 1.14 新元），其租赁合同的结构、更长的加权租赁到期年限、更高的利息覆盖、更高的物业收购价格，以及资产质量都能够推动股价和每股股息的增长。

之后，吉宝数据中心信托的股价有目共睹，持续上涨，截至 2020 年 6 月 30 日涨至 2.55 新元（见图 4.3）。

就像我们在前文中所阐述的，会计标准委员会允许 REITs 将发行

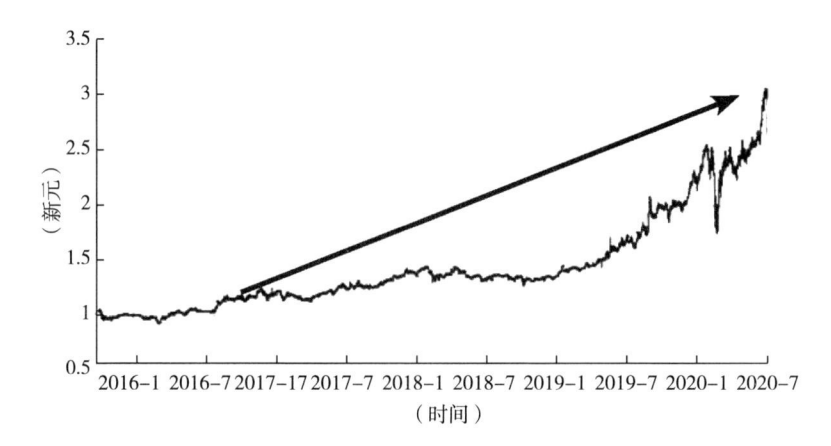

图4.3　2016年8月13日之后吉宝数据中心信托的股价一路上涨
资料来源：ShareInvestor。

的永续股本中的50%归类为股票，而另外50%归类为债券。但是在计算利息覆盖率时，投资者要计入所有永续债的利息费用，因为这也是REITs的利息费用，它们应该被加入利息覆盖率的计算。

尽管利息覆盖率没有一个绝对的数字标准，但实践中那些表现优异的REITs的利息覆盖率要远远高于行业平均值。REITs季报和半年报为检查利息覆盖提供了很好的数据来源，可以看到任何明显的变化，特别是在市场环境波动下、利率开始上涨的时候。相比规模较大的REITs或发起人比较强势的REITs，小型REITs更容易受到恶化的利息覆盖率的影响，股价也会有不良反应。

每股股息（DPU）

每股股息＝所有发放的股息/股数

每股股息是季度或半年度股息的加总。它一直都是投资者在投资REITs时最关注的指标。聪明的投资者总是会特别关注所有计算每股股息所需要的数字及报告它的方式。它是评估一只REIT的盈利和健康程度的最好的指标之一，也能让投资者识别出那些表现不佳的REITs。

我们总是强调：一只新加坡REIT是否有能力交出一份出色的业绩，不应该看收入增长或可分配利润，而应该看每股股息。①

2018年，一系列REITs的业绩报告明确证实了我们的判断。根据年度数据评估过去10年表现最出色的和表现最差的REITs，也同样证明了我们是正确的——每股股息才是评估REITs表现的最佳指标。

总收入和净物业收入的增长总是伴随着每股股息的增长。每股股息是一个投资者持有的每单位收益凭证所获得的股息。总收入和净物业收入的增长如果不带来相应的每股股息的增长，就意味着REITs可能为了募集资金以一个很大的折价增发了新股。大部分新加坡REITs都会证明其收购方案是提高收益的，但是投资者应该寻找提高每股股息的收购。我们的观点是，如果REITs必须通过很大折扣的配股或增发来筹资完成收购，那么这笔交易就不应该做，因为它侵蚀了投资者的利益。按照我的经验，我没有看到过多少用大幅折扣配股和增发来

---

① 资料来源："The Ability to Deliver DPU Growth is the Key in SREITs Outperformance in 3Q 2017," *GCP Global*, 18/12/2017, https：//gcpglobalsg.wixsite.com/gcpglobal/post/the-ability-to-deliver-dpu-growth-is-the-key-in-sreits-outperformance-in-3Q2017；"The Ability to Deliver DPU Growth is the Key in SREITs Outperformance in 2018," *GCP Global*, 3/1/2019, https://gcpglobalsg.wixsite.com/gcpglobal/past/the-ability-to-deliver-dpc-growth-is-the-key-in-sreits-outperformance-in-2018.

筹资完成 REITs 收购而最终股价表现很好的案例。

反之,我观察到那些采取谨慎的态度只收购带来增值的物业的 REITs,能够在实现资产增值的同时实现股价的上涨。

图 4.4 显示了百汇生命产业信托自 IPO 以来的每股股息增长情况。值得注意的是,百汇生命产业信托最开始的时候在新加坡只有 3 个物业,分别是鹰阁医院、新加坡伊丽莎白医院和东海岸医院,同时在日本有两个养护中心。

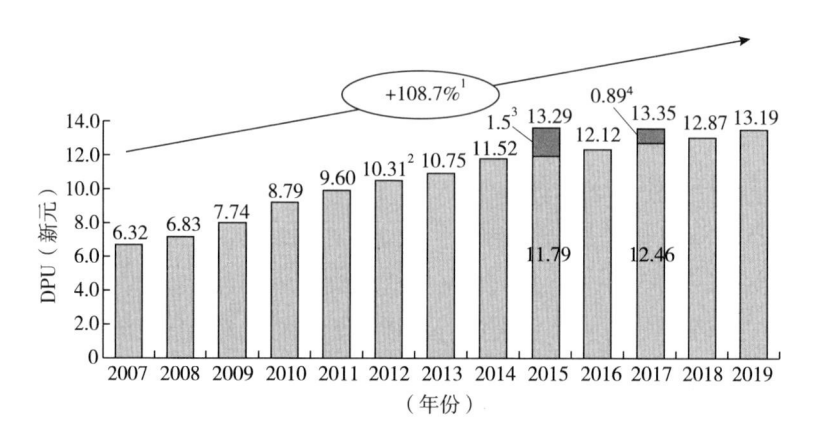

图 4.4 百汇生命产业信托的每股股息从 IPO 以来持续增长

注:1. 从 IPO 到 2019 年四季度。
2. 从 2012 年开始,每年保留 300 万新元可分配资金作为资本支出。
3. 2014 年 12 月卖出 7 个日本物业资产后一次性分配盈利,每股 1.5 新元(共 911 万新元),在 2015 年分 4 个季度发放。
4. 2016 年 12 月卖出 4 个日本物业资产后一次性分配盈利,每股 0.89 新元(共 539 万新元),在 2017 年分 4 个季度发放。

上市 13 年后,上述 3 个医院仍然占其近 20 亿新元总资产组合的 60% 以上,而且贡献了净物业收入的 60% 以上,目前其在日本已有 40 多家养护中心。可以从图 4.4 中清楚地看出,百汇生命产业信托在 IPO

以来基本保持了IPO时的基础资产，且一直保持稳定的每股股息的增长。由此它的股价也实现了稳定持续上涨，从2007年8月IPO时的1.28新元涨到2020年6月30日的3.34新元（见图4.5），加上累计股息1.297新元（仅此一项就已经高过IPO价格），百汇生命产业信托在12年内获得的回报高达3.423新元（267.42%），转化为复合年均增长率就是11.45%！

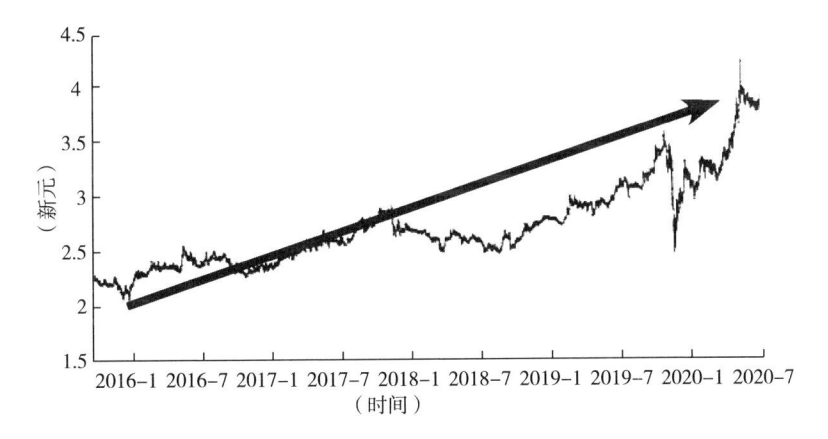

图4.5　百汇生命产业信托的价格自IPO以来稳定上涨
资料来源：ShareInvestor。

———— 经　验 　教　训 ————

数十年来表现最差的REITs和表现最好的REITs在业绩上的巨大差异清楚地表明，那些不能理解投资者是需要通过每股股息来获取持续稳定回报的REITs，过去表现不好，未来也不会很好。REITs管理人可以找借口，将较低的每股股息归因于高利息支出或其他费用，但如

第四章　如何评估REITs的业绩表现　　83

果他们不能提高每股股息，REITs 股价就会受影响，投资者也会受到影响。

股息和每股股息收益率

每股股息收益率 =（年化每股股息/REITs 股价×100%）

股息或每股股息收益率是比较同一行业或不同时期的 REITs 的良好基准。由于它取决于标的股价的波动性，所以它可能是 REITs 吸引力的一个良好指标，因为如果收益率上升，就意味着股价下跌，反之亦然。

更重要的是股息收益率是计算收益率差的一个重要元素。

收益率差

收益率差 = 股息收益率 – 无风险利率

收益率差是一个用于描述投资 REITs 相比无风险利率的风险溢价的指标。无风险利率通常用相应国家的 10 年期国债收益率来代表。

大多数教科书和分析员用收益率差来做出投资判断：如果收益率差收窄，降低或变成负值，这意味着 REITs 变得贵了；反过来，如果收益率差扩大，增加或由负变正，这意味着 REITs 变得值得买入。

但是在新加坡 REITs 市场，理论并不总是适用，事实上，市场经常反其道而行之。

―――― 经 验 📋 教 训 ――――

表现优异的REITs在管理企业时更倾向于采用谨慎有序的发展战略，从利润表和资产负债表就能看出其偿债能力和变现能力。

过去20年里，表现优异的REITs尽管也会通过配股和增发来融资，但通常都能保持每股股息增长。表现优异的REITs的资产负债表不会过度使用杠杆，会保持高利息覆盖，并能够以较低的利率从银行贷款。这些REITs的加权租赁到期年限更长，债务到期也更长远，因此可以规避类似于全球金融危机的事件导致的或是利率上涨导致的再融资风险。

运营资产负债表的相关指标

相比其他行业而言，REITs更加严重地依赖债务市场周期、利息成本和从股东那里融资的能力。对于有洞察力的REITs投资者而言，在评估REITs资产负债表的时候这些指标非常重要，能够帮助投资者决定REITs的融资需求。在过去5年里，REITs进行了近350亿新元的新的资产收购，人们越来越明显地看到，那些在融资结构上对小股东有利，带给他们最少股权稀释的REITs，会比那些依赖大幅折价进行融资的REITs表现得更好。

资产负债表

资产负债表反映 REITs 的财务状况，无论什么时候它都可以给我们快速提供一个财务缩影。基本上是这样计算的：

$$所有者权益 = 资产 - 负债$$
$$资产 = 负债 + 所有者权益$$

大致来说，资产可以分为流动资产和长期资产。

流动资产是指 REITs 拥有的可以在短期内变现的资产，一般时间限制在一年内。这通常包括现金、银行存款和应收账款。

长期资产通常也被称为非流动资产，是指持有时间超过一个营业周期或一年的资产。典型的就是 REITs 投资的物业、厂房和设备。

和资产类似，负债也被分为短期负债和长期负债。

短期负债是 REITs 需要在一个营业周期内或 12 个月内偿还的债务。这些包括应付账款和应缴税金。

非短期负债是指那些在一年之后或一个营业周期之后才到期的债务。最常见的包括长期借款和长期债券。最近几年，会计标准委员会已经允许 REITs 将发行的永续股本的 50% 归类为股权，而另外 50% 则归类为长期负债。

所有者权益通常被分为发行资本和留存收益，代表着股东的权益。如上所述，会计标准委员会已经允许 REITs 将发行的永续股本的 50%

归类为股权,而另外50%归类为长期负债。但是我们认为,保守的REITs投资者应该永远将永续股本全部看作债务。

股息表

股息表通常也被称为可分配收益表,是一个了解REITs每股股息稳定性的良好信息来源。

$$可分配收益 = 净收益 + 非现金费用 - 非现金收益$$

可分配收益和净收益之间的不同主要体现在非现金项目,包括折旧、摊销、外汇对冲费用、重估利润及用收益凭证支付的管理费。

最近几年,很多REITs暗示它们收取管理费是以收益凭证的形式而不是现金收取,它们的利益与小股东就绑定在一起。我认为这种说法很浅薄而且很难理解,因为管理费还是付给了REITs管理人,而且付出的费用又没有打折,管理人将来可以卖出这些收益凭证,并且没有禁售期。

聪明的REITs投资者应该关注REITs物业重估价值的利润情况,因为它们是最早的标志,表明REITs管理人在收购资产时买贵了(没有哪个管理人会承认,所以只有在以后才能发现),或者是管理人在资产收购策略上的安全边际不够。

杠杆率

$$杠杆率 = 全部债务/全部资产 \times 100\%$$

杠杆率就是 REITs 的全部债务除以全部资产。REITs 的基本运营方式就是管理人通过发行新股和借贷来购买物业资产，出租物业获取租金。收益在支付利息费用、管理费用、保险和其他费用后作为股息分配给股东。因此杠杆率对 REITs 而言是最重要的考量因素之一，它决定了 REITs 的债务结构，也决定了其对资本市场波动的承受能力。REITs 的债务太多会导致利息费用侵蚀最终的盈利增长。从新加坡 REITs 的经历不难看出，冒险采用最大杠杆会让股价在资本市场变化时处于被动局面，就像新冠疫情危机中所表现的那样。同样的现象也出现在 2007—2009 年的全球金融危机期间。

表 4.5 展示了在新冠疫情导致的抛售中 5 只杠杆率最高的 REITs 的表现。华联商业信托、亚腾乐歌物流信托和易商红木信托在 2019 年 12 月底杠杆率就已经超过 40% 的上限。在 22 天的抛售中，这些 REITs 的股价下跌了 44.23%~62.79%。作为对比，同一时期 MACFK REITs 平均下跌了 38%。

力宝印尼商场信托经历了资产净值下挫，导致其杠杆率在 2020 年一季度季报中升至 41.7%，股价下跌 52.44%。最新上市的亚腾美国酒店信托于 2019 年 11 月 6 日收购了 3 个在罗利和圣安东尼奥的高档万豪品牌的服务式酒店，总价 8 450 万美元，收购资金全部来自银行借贷。

表4.5 抛售中五只杠杆率最高的 REITs 的表现

REITs 名称	2月19日股价（新元）	3月23日股价（新元）	价格变化（新元）	跌幅（%）	2019年12月31日杠杆率（%）	2020年3月31日杠杆率（%）
华联商业信托	0.520	0.290	-0.230	-44.23	40.30	39.30
亚腾乐歌物流信托	0.710	0.360	-0.350	-49.30	40.10	40.80
易商红木信托	0.545	0.240	-0.305	-56.00	41.50	41.70
力宝印尼商场信托	0.225	0.107	-0.118	-52.44	35.90	41.70
亚腾美国酒店信托	0.860	0.320	-0.540	-62.79	32.10	41.00

后来这笔收购被证明是在最糟糕的时候进行的，下跌的资产价值和高额借贷导致2020年一季度季报里其杠杆率升至41.00%。聪明的投资者应该预见到了，它的股价狂跌了62.79%，在2020年2月19日～3月23日新加坡REITs行业里跌幅第二（跌幅第一的是在停牌前的美鹰酒店信托）。

很显然，杠杆率对REITs而言是最重要的考虑因素之一，因为它决定了REITs的债务结构，也决定了其对资本市场波动的承受能力，就像这次新冠疫情抛售行情所表现的。REITs应该留出足够多的缓冲空间以避免达到最大杠杆率，因为最大杠杆率会使股价在资本市场短期变化中变得非常脆弱。

易商红木信托是一个很好的例子。2020年5月，它很聪明地赎回并取消了价值1.3亿新元的3.95%系列004票据，因此快速降低了杠杆率，而股价也大幅反弹64.58%，在2020年6月30日收盘于0.395新元，因此而获得了新加坡REITs中最强反弹股的称号，同时也证实了如果管理人及时采取正确的行动（反映出管理者精明的领导力），股价也会快速有相应的反应。

自 2016 年起，REITs 杠杆率被限制在最高为 45%。实际上大多数 REITs 都将杠杆率保持在 40% 以下，因为杠杆率接近 45% 就意味着没有多少余地（债务空间）进行更多借贷来为未来发展提供资金。2020 年 4 月，新加坡金融管理局已将新加坡 REITs 的最大杠杆率由 45% 提升至 50%，为新加坡 REITs 提供更大的灵活性来管理因新冠疫情导致的资本结构问题。

很显然，拥有最低杠杆率的 REITs 有最大的债务空间，在未来发展中也具有最大的灵活度。

不仅如此，REITs 需要每年进行资产重估，任何物业的估值下调都会使其资产价值变得更低，也会增加 REITs 的杠杆率。这种影响在资产价值下跌的周期或经济减速和衰退时期会变得更加严重。很多情况下 REITs 的股价会对这类事件快速反应，因此聪明的投资者应该总是预见到这样的可能性。

在一定情况下，REITs 可能被迫出售其他资产来降低杠杆率或偿还债务，这也会对其股价产生严重影响。

就像前面所阐述的，会计标准委员会已经允许 REITs 将发行的永续股本的 50% 归类为股权，而另外 50% 则归类为长期负债。但是我们总是在强调，保守的 REITs 投资者应该永远将永续股本完全看作债务。

经验 教训

投资者应该始终关注REITs杠杆率。事实证明，那些冒险采用最大杠杆的REITs比那些管理更为保守的REITs表现差。不管是预期利率会上升还是预期资产进入估值下跌周期，那些影响REITs杠杆率的事件经常带来REITs股价的剧烈反应。因此，聪明的REITs投资者应该总是预见到这种可能性，在这类事件影响股价之前就采取行动。

MAKING YOUR MILLIONS
in REITs

第五章
你应该花多少钱来买入 REITs

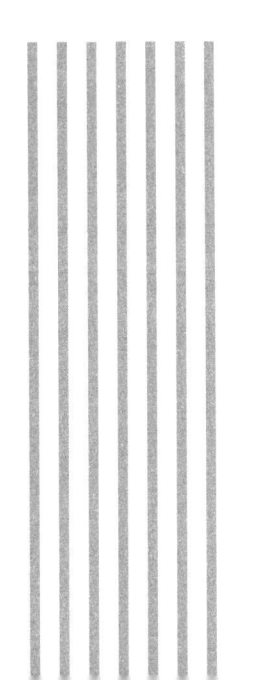

REITs 的价值是其投资组合里所有物业价值的集合。因此，直观地说，需要花多少钱去买 REITs 就要看需要花多少钱去购买其所代表的资产，再加上为 REITs 管理人的专业知识及其为发起人的实力付出的溢价。

此外，还有其他一些因素会影响聪明的投资者决定在什么时候花多少钱买入 REITs。从广义上讲，评估 REITs 有两种方法——基于收益率的估值方法和基于物业资产的估值方法。

在这一章中，我们将非常详细地探讨这些内容，并且指出明智的投资者应该在什么时候花多少钱购买 REITs。我发现在大多数研究报告中，这些信息要么是缺乏的，要么是模棱两可的。

不可否认，给 REITs 估值是科学和艺术的结合。在金融领域的 31 年直接投资经验，大大帮助我提高了投资 REITs 的技能，让我更深入地了解到是什么影响了 REITs 的估值以及在何时买入和卖出。

基于收益率的估值方法

REITs 的独特之处在于，它在提供稳定股息的同时股价还有获得资本利得的潜力。对我来说，相对稳定的股息和股息在总回报中占比较高的特性让我在投资 REITs 时感到非常放心。例如，即使 REITs 的股价没有上涨，投资者也几乎没有什么机会成本，因为新加坡 REITs（除非投资者选择了那些价值陷阱）在过去 10 年中每年支付的股息为 4.2%~9.3%。这一收益率高于新加坡 10 年期债券、大多数 AAA 债券的收益率，也高于大部分蓝筹股的股息收益率。

任何基于收益率的估值方法的起点显然都是无风险利率，这基本上是投资任何保本或保值的金融产品的利率。在新加坡，10 年期国债收益率通常被当作无风险利率。由于与股票一样，REITs 比政府债券的波动性更大，投资者要求的预期收益率自然更高。

问题是高多少？

这个问题的答案取决于：

1. REITs 每股股息的增长。
2. REITs 每股股息的增长质量。
3. REITs 管理人的历史业绩。
4. 发起人的质量。
5. 物业组合和行业的风险敞口。
6. 投资者对 REITs 管理能力的评估。

REITs 收益率极易受到市场情绪和波动的影响。正如第四章中所讨论的，许多独立投资人和市场分析师认为 2019 年 4～6 月 REITs 价格已经达到峰值，因此建议卖出 REITs。但事实上这个时机是错误的，我们维持了买入建议。当时 REITs 收益率偏离均值负两倍标准差，而价格/账面价值则偏离均值正两倍标准差。[①]

我们之所以保留了买入建议，是因为我们考虑到，许多独立投资人和市场分析师在做预测时犯下了一些概念性的错误：新加坡 REITs 市场曾建立了一个估值基准，当价格高于均值两倍标准差的时候被认为是达到峰值，在 2013 年 5 月达到峰值之后市场就出现了调整，这后来成为衡量新加坡 REITs 是否太贵的基准。该基准在 2017 年被成功使用过。在市场经历 2015 年 8 月～2017 年 12 月最长一次的股市上扬之后，人们预测市场将在 2018 年见顶，REITs 的确伴随着 3 次加息出现了调整。

但是过去大多数时间的预测都是错的，因为做出这些预测的财务分析师使用的是过去的基准，他们不能确定这个基准是否仍然有效，抑或现在应该有一个新的基准。如果研究各国的长期历史和交易模式，如自 1961 年以来的美国 REITs、自 1971 年以来的澳大利亚 REITs，以及自 2001 年以来的日本 REITs 市场，人们会发现随着美国 REITs、澳

---

① 资料来源："The Most Overlooked Trait of Investing Success in REITs – Mastering Market Timing," *GCP Global*, 1/10/2019, https://gcpglobalsg.wixsite.com/gcpglobal/post/the-most-overlooked-trait-of-investing-success-in-reits-mastering-market-timing.

大利亚 REITs 和日本 REITs 市场的发展，每个周期的收益率和市净率基准都是不断演变发展的。

敏锐的 REITs 投资者必须认识到，基于收益率的估值基准会随着价格而不断变化，而价格可以反过来影响估值基准。

在 2019 年 6 月 2 日接受《日经亚洲评论》采访时，我说到大多数分析师和独立投资人在 2019 年 4 月和 5 月建议卖出 REITs 是错误的，因为他们使用了旧的评估基准。[①] 评估近期收购对 REITs 每股股息产生的积极影响至关重要，而这些收购反过来又会改变估值基准。此外，相对收益率估值方法将在不同的利率环境下发生变化，因此，超低利率将支持相对收益率基准超过之前的高点。

例如，腾飞印度信托、吉宝数据中心信托、丰树工业信托、丰树物流信托和丰树商业信托在 2019 年 5 月之前都突破了股息收益率两个标准差。它们最终都成为 2019 年表现强劲的股票。那些建议卖出的人完全错了，因为到了 2019 年 5 月，即使它们超越了股息收益率两倍标准差，在接下来的 7 个月里，它们还是继续小幅走高。2019 年 5 月，卖出这些 REITs 的机会成本（不包括股息）在短短 7 个月内上升到 16.01% ~ 29.01%。显然，何时卖出 REITs 是一门艺术，也是一门科学。

[①] 资料来源："Stellar rally puts valuations of Singapore REITs in focus,"*Nikkei Asian Review*, 11/7/2019, https：//asia.nikkei.com/Business/Markets/Nikkei-Markets/Stellar-rally-puts-valuations-of-Singapore-REITs-in-focus.

—————— 经 验 📄 教 训 ——————

REITs估值是科学和艺术的结合。聪明的REITs投资者应始终顺应市场环境，当传统估值基准不再成为好的投资指南的时候，继续持有REITs将享受更多的利润和资本利得。这是投资者在REITs上赚钱的关键！

市净率（P/BV）或价格/资产净值（P/NAV）

市净率（P/BV）＝REITs股价/（每股总资产－每股总负债）

由于REITs具有重资产属性，市净率是一个良好的指标，让投资者随时可以计算出应该为REITs的基础净资产支付多少钱。

P/BV或P/NAV是一个很好的评估REITs管理人是否谨慎使用股东资本的衡量标准。资产净值或账面价值用来衡量REITs物业当前的市场价值，如果REITs管理人收购情况良好，则标的资产价值应稳步上升，并反映在资产净值或账面价值中。

股票价格高于账面价值的REITs具有突出的竞争优势，因为它们可以继续购买或开发资产以保持其投资组合增长。相反，如果REITs的股票价格大幅低于资产净值，管理人则应该通过出售表现最差的或增长最慢的物业来降低债务，从而缩减其投资组合。另外的做法是开始回购低于账面价值的股票，但是这需要综合考虑，原则上不应增加其总杠杆率或降低其利息覆盖率。吉宝亚洲房地产信托是一个很好的例子，它采用了相当周全的方法，在其股价大幅低于账面价值时回购其股票，同时保持好利息覆盖率和杠杆率。

由于多方面的原因，有些REITs享受比账面价值或资产净值高得多的价格。这可能是因为它们所在的房地产子行业受市场青睐，或是资深投资者对REITs管理人评价很高；也可能是由于REITs发起人实力很强，如MACFK REITs[①]，它们一直是我们在过去11年中大力推荐的。当然，溢价也有可能表示股价太高了。

同样，大多数教科书和分析员在对市净率做判断时会有如下思路：

如果市净率缩小、减少或者小于1，意味着REITs变得更便宜，而如果市净率扩张、增长或从-1变为+1，则意味着REITs变得更加昂贵。

然而在实践中，根据新加坡REITs的市场经验，这些理论并不实用。市场的行为恰恰相反，一些表现好的REITs具有较高的市净率或不断增长的资产净值，这是因为其本身物业资产价值在提升，或者进行了很多提高收益的收购，抑或两者兼有。

表5.1显示了过去6年中排名前5位的REITs表现。表现最佳的丰

[①] 资料来源："Singapore REITs – A Magnificent Run, Spearheaded By the MACFK," *GCP Global*, 3/7/2019, https://gcpglobalsg.wixsite.com/gcpglobal/post/singapore-reits-a-magnificent-run-spearheaded-by-the-macfk.

树商业信托在2019年年底的P/NAV为1.406，而前5名的平均P/NAV比账面价值高出40%。

表5.1 2013—2019年表现最好的5只REITs的P/NAV

REITs名称	2013年12月31日股价（新元）	2019年12月31日股价（新元）	价格变化（新元）	涨幅（%）	2019年12月31日NAV（新元）	2019年12月31日P/NAV
丰树商业信托	1.190	2.390	1.200	100.84	1.70	1.41
丰树工业信托	1.345	2.600	1.255	93.31	1.51	1.72
丰树物流信托	1.040	1.740	0.700	63.71	1.17	1.49
星狮地产信托	1.770	2.810	1.040	58.76	2.21	1.27
凯德商务信托	1.450	1.990	0.540	37.24	1.81	1.10
平均值						1.40

聪明的REITs投资者应该更进一步发现表现第二好的公司，即丰树工业信托的大部分股价上涨发生在资产净值从2013年的1.20新元升至2019年的1.51新元的阶段，相应地，P/NAV从2013年的1.18稳步上升至2019年年底的1.72（见图5.1）。

事实再次证明，理论上所教的东西不一定适用于现实世界。在新冠疫情导致的危机期间，市净率或P/NAV较高的REITs价格反弹较快，再次证明投资者更愿意买入那些管理良好的REITs。

———— 经 验 📄 教 训 ————

市场往往愿意支付溢价去购买那些管理团队优秀、发起人实力强大、在进行收购时采用有利于少数股东的融资结构的REITs。除此以

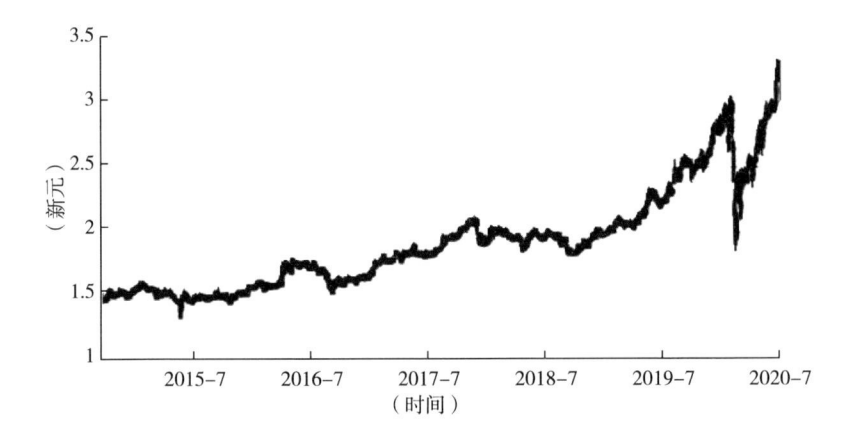

图 5.1　丰树工业信托的股价上涨发生在 P/NAV 从 2013 年的 1.18
涨至 2019 年年底的 1.72 这一阶段

资料来源：ShareInvestor。

外，那些表现优异的 REITs 的共同特点还包括它们的管理人总是能够通过严格和谨慎的物业管理使物业不断增值，并实施合理的资产提升计划，从而实现了良好的净物业收益率。

相反，如果 REITs 的交易价格大幅低于其资产净值或账面价值，则可能反映了 REITs 所在的房地产子行业面临下行周期，或者市场认为 REITs 的资产质量低于标准，又或者管理人或发起人正在破坏股东价值，在这种情况下，股票便宜是有原因的，投资者应该避免。

表 5.2 显示了过去 6 年中表现最差的 5 只 REITs。除凯诗物流信托（目前称为亚腾乐歌物流信托）一家外，股价都低于资产净值，截至 2019 年年底，过去 6 年表现最差的 5 只 REITs 的 P/NAV 均值为 0.93，或者说相对净值折价 7%。

表5.2 2013—2019年表现最差的5只REITs的P/NAV

REITs名称	2013年12月31日股价（新元）	2019年12月31日股价（新元）	价格变化（新元）	跌幅（%）	2019年12月31日NAV（新元）	2019年12月31日P/NAV
胜宝工业信托	1.080	0.470	-0.610	-56.48	0.56	0.84
力宝印尼商场信托	0.415	0.225	-0.190	-45.78	0.30	0.75
凯诗物流信托	1.120	0.715	-0.405	-36.16	0.56	1.28
速美商业空间信托	0.760	0.525	-0.235	-30.92	0.62	0.85
华联商业信托	0.800	0.560	-0.240	-30.00	0.61	0.92
平均值						0.93

聪明的REITs投资者可以明显地看出速美商业空间信托的P/NAV从2015年到现在一直伴随着股价一起下跌。其股价从2015年的0.865新元的高点大幅下跌至2019年年底的0.525新元，在此期间，P/NAV也从大于1转为小于1，最终在2019年年底跌到0.85，折价15%（见图5.2）。这再次证明理论上所教的东西不一定适用于现实世界。如果投资者想通过REITs赚钱，记住这一点很关键！

———— 经 验 📄 教 训 ————

聪明的REITs投资者应始终远离那些很难提高股东价值，或根本就是价值陷阱的REITs，因为机会成本太高。如果投资了这些REITs，他们将错失良好的股息和良好的资本增值。投资者应该投资于那些能

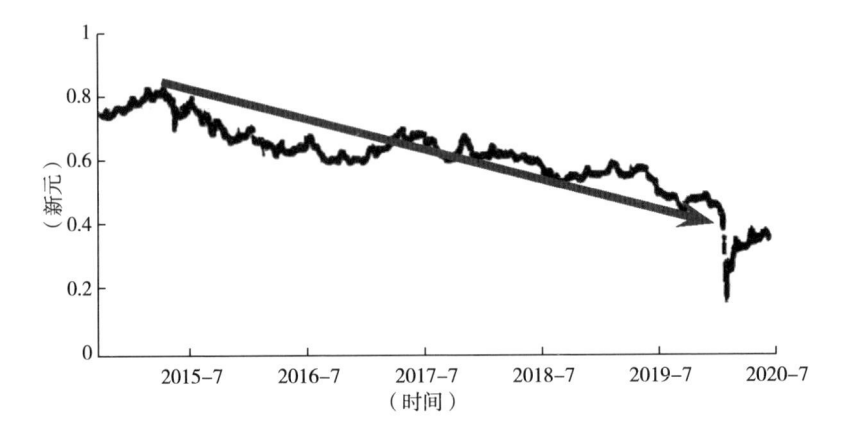

图 5.2 速美商业空间信托的股价从 2015 年的 0.865 新元
跌到 2019 年年底的 0.525 新元

资料来源：ShareInvestor。

够带来持续稳定回报的好 REITs。

股息贴现模型（DDM）

基于收益率的方法、基于市净率和价格/资产净值的方法都是相对估值方法，它们试图通过与同行比较，相对于收益率或市净率在一段时间里的表现，得出合理估值。

DDM 旨在确定 REITs 的内在价值（IV）。它是所有未来的每股股息的现值总和。从表面上看，由于 REITs 倾向于支付比股票更稳定的股息，DDM 应该是一种更准确的估值方法，但在实践中，情况并非如此。

在当今世界，波动的市场要求分析师根据租金、租金增幅和入住率对收入和费用做出准确预测，从而估算 DDM 中的增长率。由于预测涉及的许多变量对 DDM 中不断变化的条件非常敏感，因此任何变量都会显著影响预测结果。DDM 计算中使用的每股股息或增长率稍有变化，计算出的 REITs 公允价值就会不一样。

在现实中，将 DDM 计算中使用的股息及其增长率归纳为一个数字既困难又过于简化。分析师需要纳入物业特定因素，这反过来又需要深入了解影响物业所在不同地理区域的供需的宏观因素和物业动态。

因此，我们一直都说 DDM 可能不是一个能够准确评估 REITs 的好方法，虽然它可能非常详尽，但涉及太多的假设。多种假设很难简化为几个数字，而这些数字又作为 DDM 计算中的变量。此外，一些关键变量的轻微变化就可能会导致算出过于宽泛的价格范围。

资本化率模型（Cap Rate）

资本化率 = 净物业收入或净营业收入/物业价值 × 100%

资本化率旨在衡量该房产的净物业收益率。

资本化率在比较一个物业对比同一区域或同一等级的另一个物业的相对吸引力时是一个良好的指标，它还可以告诉我们 REITs 管理人在收购房产时支付了过高的价格还是捡到了便宜。

REITs 通常会在半年报或年报里提供资本化率的详情及每个房产的评估价格。这些信息有助于帮助投资者判断 REITs 管理人是否具有商业头脑：他们是否为某笔收购支付了过高的溢价，还是他们为股东完成了一笔不错的交易。

从直觉上讲，一只有吸引力的 REIT 能够从其拥有的优质资产中获取良好的现金流。因此，引入资本化率其实就是试图弄清楚一个物业在收益率方面的吸引力。在这个模型计算中使用的净物业收入应该是该时期物业的稳定收入，这样才能算出稳定而又实际的资本化率。

在凯德商用新加坡信托 2019 年的年报中，估值和估值资本化率表详细介绍了其 2019 年年底各个物业的资本化率，以及 2019 年年底的估值和与上次估值的差异。一项更深入的研究揭示了如下信息：

1. 郊区商场在过去 20 年中一直非常具有防御性，其资本化率保持在 4.5% ~ 4.8%。其中，位于裕廊东区的西门购物中心为 4.5%，武吉班让中心为 4.8%，差别仅为 30 个基点。
2. 市中心商场的资本化率则差异较大，为 4.4% ~ 5.2%。如乌节路的狮城大厦为 4.4%，武吉士地区的 Bugis+ 购物中心则是 5.2%。这反映了市中心商场的防御性较差，因为与当地人的必需消费相比，大多数商场对游客购物消费的依赖程度更高。

掌握不同类型物业的资本化率及不同时期的资本化率，对于认识和理解资本化率的高度周期性及其影响因素非常有用。许多投资者倾向于将资本化率与 10 年期国债收益率进行比较，以获得资本化率差，这通常有助于形成投资某些房产的安全边际。

在日本和欧洲等地区，10 年期国债收益率为负或接近于零，因此收购资本化率仅比 4% 多一点的房产仍有吸引力。一个很好的例子是丰树北亚商业信托收购其日本投资组合，其中大部分物业的资本化率只比 4% 多一点，但仍然被认为有吸引力，甚至提升了投资组合收益率，因为日本的债券收益率接近于零。

在收购物业时，使用资本化率法通常是用物业在完全出租的情况下的可持续净收入来计算，同时需要了解当前的租金收入和其他相关费用，这通常包括必要开支、运营费用、物业管理费用和物业税。

由此产生的净收入以一定资本化率计算，得出物业在剩余保有期里产生的核心资本价值。因此，资本化率反映了物业的性质、位置、租赁状况及当前的市场投资标准。

——— 经 验 教 训 ———

资本化率是衡量一个物业相比于同一区域或同一等级的另一个物业的相对吸引力的良好指标，它还可以告诉我们 REITs 管理人在收购物业时支付了过高的价格还是捡到了便宜。

贴现现金流模型（DCF）

就像股息贴现模型需要使用一些假设来给 REITs 进行估值一样，贴现现金流模型通常也用于对 REITs 物业进行估值。贴现现金流旨在帮助投资者或业主评估在假定投资期限内租金和资本增值相结合的房产的长期回报。

例如，为了了解一幢物业未来10年的前景，贴现现金流分析就是根据该物业在未来10年的现金流完成的，并在第11年开始时对物业的销售价值做出假设。

聪明的REITs投资者应该明白，在进行此类分析时，必须做出广泛的假设，包括目标或预先选择的内部回报率、租金增长、入住率、投资期结束时的物业销售价格、与初始购买相关的成本及处置物业的相关成本等。

这种预测的准确性在很大程度上取决于未来市场状况、预计租赁情况、现金流状况及10年后物业的整体状况，因此，实际上这是一项非常艰巨的任务，偏离实际计算的可能性很大。

因此，贴现现金流与股息贴现模型一样，充其量应该被投资者用作买入/卖出投资决策框架中的参考，不应在框架中成为决定性因素，因为它依赖于太多的变量和太多对此类变量的未来假设。

重置成本法

其他估值指标，如基于收益率的方法、市净率法、股息贴现模型和贴现现金流法都是从房地产的创收角度进行估值，重置成本方法则是从重置资产的角度处理估值问题，它会计算在特定位置构建一个相同规格的类似物业需要花费多少成本。

如果重置成本远远超过物业的原始成本，则非常清楚地表明 REITs 的价格可能被低估，尤其是在价格变化不大的情况下，反之亦然。我总是在寻找这样的物业——价格低于重置成本，这是一个确定的指标：告诉你要么是最初资产购买价格便宜，要么是管理人在价格大幅上涨之前就购买了物业。这是让投资者通过 REITs 积累财富的关键！

我发现重置成本法是一种非常好的理性估价方法，特别是对于新型资产类别，如电信塔、产业园区、数据中心、学生公寓和林业资产等。

它在交易很少的传统房地产行业也非常有用。当然，应用重置成本方法所需的可靠信息至关重要。

我来具体说明一下。

从丰树商业信托在 2019 年 9 月 27 日发布的《关于以 15.5 亿新元收购丰树商业城二期（MBC II）》公告中可以看出，2015—2019 年的 5 年中，只有 5 笔产业园区的交易，平均每年只有一个（见表 5.3）。

表 5.3　2015 年以来产业园区投资交易精选案例

时间	产业园区	预计可租面积（平方英尺）	交易价格（新元）	每英尺价格（新元）
2017 年三季度	13 国际商务园区	108 888	24 800 000	227.76
2016 年四季度	DSO 国家实验室一、二期	848 959	420 000 000	494.72
2016 年三季度	DNV GL 技术中心 丰树商业城一期	1 708 218	1 780 000 000	1 042.02
2015 年四季度	樟宜产业园一期	679 267	420 000 000	618.31
2015 年一季度	肯道新加坡科学园	181 291	112 000 000	617.79

同样令人惊奇的是，从历史上看，自2014年以来，丰树商业城一期和二期等城市边缘产业园区的平均租金溢价为49.4%。截至2019年二季度，城市边缘和岛屿其他子市场的租金分别为每平方英尺5.80新元/月和3.80新元/月。事实上，2014—2019年，城市边缘的产业园区相比其他岛屿产业园区享有40%~50%的巨额租金溢价。因此，产业园区的地理位置和资产质量对于确定良好的租金和收益至关重要。

产业园区是新加坡REITs一个相对较新的子行业，近10年来一直呈现出两极分化，2019年二季度城市边缘子市场空置率最低，接近6.4%，而岛屿其他地区则高达17.2%。

事实上，城市边缘子市场之所以享有溢价是由城市边缘产业园区的租户构成多样化和临近CBD（中央商务区）的区位所决定的。此外，城市边缘产业园区的建筑一般较新，具有较高的技术规格，如大型无柱楼板、较高的楼层净高、绿化率高、建筑分散，具有类似甲级写字楼的规格等。

丰树商业城二期拥有净出租面积1 184 704平方英尺，包括1 167 106平方英尺的产业园区和17 598平方英尺的餐饮零售区。因此，该交易的成交价为每平方英尺1 308.34新元。

2017年三季度13国际商务园区以每平方英尺228新元的价格成交，如果以它作参照，许多人会对丰树商业城二期每平方英尺的超高价格犹豫不决。丰树商业城二期的价格接近前者的6倍，贵出574%。

如果使用丰树商业城一期（因为一期和二期位于同一地块）的估值作参考，丰树商业城一期在2016年三季度以每平方英尺1 042新元成交，那么就表明丰树商业城二期的价格在短短 3 年内上涨了 25.53%！因此，二期估价似乎高出了一期（参见后文中关于可比销售方法的部分，以进行更深入的阐述）。

重置成本法无疑是评估资产当前价格的良好指标，它反映了产业园区作为稀缺资产类别在过去 3 年中是如何升值的。这不同于资产的账面价值，因为账面价值反映的是历史购买价格减去累计折旧。

———— 经 验 📄 教 训 ————

重置成本法是评估产业园区、数据中心、学生公寓和林业资产等新型资产类别的一种很好的理性的估价方法。它也是一个很好的指标，可用于显示过去成交较少或在不同地理区域的资产的当前价格。

可比销售法

可比销售法为所有的物业收购提供了相对于其他近期交易的可观察价值。它是使用最广泛的方法之一，因为它易于使用和计算，数据也是最新的。此外，大多数估价师不愿意在没有交易证据的情况下对估值进行大规模的调整。

我们继续以丰树商业城二期的收购为例。

澳大利亚和新西兰银行集团有限公司新加坡分行（ANZ）在关于

丰树商业城二期收购的独立顾问函中承认，没有与丰树商业城二期完全可比的物业。因此，他们将丰树商业城二期与可比写字楼在位置、建筑规格、租户质量和剩余保有期限等方面进行了比较，以帮助评估每平方英尺1 308新元的交易价格。

每平方英尺1308新元的收购价格表明该物业每平方英尺净出租面积的估值是所有产业园区里最高的，参照对象包括丰树商业城一期，启汇城的Solaris大楼，纬壹科技园里的神经科学大楼、免疫学研究大楼和Nexus大楼，樟宜产业园，科学园一期和科学园二期。但丰树商业城二期被拿来和其他产业园区做对比，特别是樟宜产业园，这让我感到很奇怪。

樟宜产业园是1997年在东部地区推出的第二代产业园区，而丰树商业城二期在西部地区于2016年落成。樟宜产业园的租户包括星展银行、霍尼韦尔、西林克斯、华为、爱立信、花旗集团和EMC计算机系统等，在形象、运营行业等方面与丰树商业城二期大不相同。

丰树商业城二期的主力租户是谷歌，它是全球网络搜索引擎商。谷歌已广泛扩展到互联网和技术相关服务、产品和研发领域，其中包括人工智能、云计算和软件开发的专门领域。事实上，丰树商业城二期是谷歌亚太总部所在地。

以谷歌为主力租户，科技行业占丰树商业城二期租户构成的78.8%，与樟宜产业园或科学园有很大不同。

使用可比销售法，产业园区过去的交易价格从低端的科学园二期每平方英尺523新元，到高端的丰树商业城一期的每平方英尺1 285新元。

值得注意的是，丰树商业城一期的评估值已经从2016年三季度的购买价格每平方英尺1 042新元升至2019年8月31日的每平方英尺1 285新元，这是当时最新的评估值。这意味着在短短三年内价值增长了23.32%，这也意味着丰树商业城二期每平方英尺1 308新元的收购价格并没有那么贵（在之前关于重置成本的分析中看似如此），鉴于丰树商业城一期自收购以来在过去3年中的增长，该价格应该被视为有吸引力。

---- 经 验 📄 教 训 ----

可比销售法为房地产收购提供了相对于其他近期交易的良好可观察价值。它是使用特别广泛的方法之一，因为它易于使用和计算，数据也是最新的。然而，明智的REITs投资者应该总是质疑在这种比较中使用的样本是否确实有可比性，并在可能的情况下发现其与其他可比物业的本质区别。

MAKING YOUR MILLIONS in REITs

第六章

投资 REITs 的风险

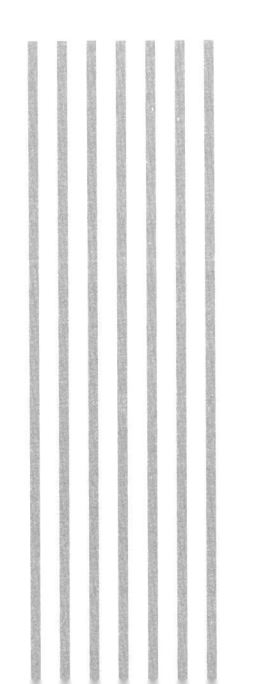

REITs 在证券交易所交易，意味着它们具备类似于股票投资的风险，除此以外还有来自它们经营的房地产行业的风险。新加坡 REITs 市场的经验表明，REITs 的交易更像房地产投资公司的股票，而不是反映 REITs 投资的各个行业房地产物业的回报。

与其他投资（如股票、债券、外汇和大宗商品）相比，REITs 的总回报受各种各样风险因素的影响。尽管 REITs 的长期回报令人印象深刻，表现优于债券和股票指数，但有时会表现不佳，虽然时间很短。

对于忽视其内在风险的投资者来说，REITs 尤其无情。在 2007—2009 年的全球金融危机期间，我突然意识到了这一点。从那以后，我将 REITs 分为好的、坏的和最糟糕的。首先，为了避免最糟糕的情形，投资者必须了解最糟糕的样子。在这一章中，我们将详细研究在主动投资 REITs 的过程中最容易被忽视的风险。

我在 REITs 投资中学会的另一件事是，当人们最轻视风险的时候，风险最有可能会抬头。因此，我会把如何尽量减少风险作为本章节的结尾，以帮助聪明的REITs投资者随时做好准备。

再融资风险

借款是REITs不可分割的一部分。REITs几乎总是需要向银行借款，同时受制于新加坡金融管理局规定的45%的杠杆上限（最近由于新冠疫情而升至50%）。因此，REITs的杠杆水平及其平均债务期限的长短，将决定它需要多频繁地回到债务市场为其债务进行再融资。

从本质上讲，REITs生命力的强弱取决于它是否有能力以合理的成本获得足够规模的融资。因此，新冠疫情等危机导致的债务市场大范围波动，都将严重影响REITs的融资能力或再融资成本。

需要使用杠杆还意味着，REITs除了需要支付贷款金额的利息费用，还可能需要承担与借款相关的额外费用。对于REITs股东来说，当REITs在危机期间需要通过配股来筹集资金时，选择那些不会使其处于弱势地位的REITs至关重要。危机到来时通常是绝大多数REITs价格最便宜的时候，但它也极有可能是投资者最缺乏现金的时候。

例如，在2008年全球金融危机期间，当时被称为凯德商用信托的凯德商用新加坡信托不得不进行配股，以每股0.82新元的发行价格每10股配9股，比当时的1.45新元的市场价格大幅折让43.4%。

凯德商用新加坡信托不得不求助于配股，是因为在2005—2007年，REITs广泛开发的商业地产抵押贷款支持证券的贷款市场，在全球金融危机期间因为对手风险上升而几乎陷入停顿。

此外，凯德商用新加坡信托的股票变得易受攻击是因为它扩张过快，并允许其杠杆率从之前的25%～30%增加到全球金融危机期间的43.2%，仅略低于当时的45%的上限。这意味着，如果不配股，资产价值继续下跌，将突破45%的杠杆上限，因此它别无选择。

请注意，在没有任何相应资产收购的情况下，以大幅折扣方式进行配股的REITs将导致股东权益立即被稀释，并导致未来几个季度每股股息的下降。

杠杆率是一个财务比率，代表REITs的债务水平相对于其他资产或资产负债表、利润表、现金流量表中的权益部分。它们很好地说明了REITs的资产和业务运营是如何融资的。

使用最广泛的杠杆率包括以下几种：

1. 债务与资产比率＝债务总额/总资产。
2. 债务与股本比率＝债务总额/总股本。
3. 债务与资本比率＝债务总额/（债务总额＋股本总额）。
4. 债务与EBITDA比率＝债务总额/（息税折旧摊销前利润）。

当然，在危机到来时进行如此大规模的大幅折价配股，那些无法承担按比例配股权益的股东持股比例会大幅减少，随后由于股票基数增加，每股股息将长期处于较低水平。

研究表明，债务与股本比率或债务与资产比率较高的REITs将产生更高的财务困境成本。在2007—2009年次贷危机期间,房地产和REITs价值大幅下降,迫使债务与股本比率或债务与资产比率较高的REITs以低价剥离资产,并以高成本在股市融资,以偿还利息支出和到期贷款。

在新加坡,这导致了两只REITs严重受损。2007年上市的MacarthurCook工业信托在次贷危机期间陷入财务困境。到2010年年初,该REIT通过连续的资本重组和资产组合的重新定位,得到了安保资本和其他金融投资者的救助。而那些未能拿出额外资本参与资本重组的少数股东立即被稀释了。安保资本和宝泽金融集团最终获得了对REIT管理人的控制权,并将REIT更名为宝泽安保房地产信托。

次贷危机还造成另一只REIT严重受损。2008年7月,澳可产业信托宣布以1.8亿新元的价格,将其17.7%的股份和REIT管理人出售给新加坡星狮房地产集团。澳可产业信托是陷入困境的澳大利亚资产管理公司澳可金融集团的子公司。这只REIT随后更名为星狮商产信托,2020年又合并为星狮物流与商业信托。

在新冠肺炎疫情导致的危机期间,我们看到杠杆率较低的REITs比那些杠杆率接近40%的REITs恢复得快得多,这并不奇怪。

新加坡金融管理局建议,如果REITs能够证明其有良好的利息覆盖率(这是REITs用正常收入来源偿还债务的能力的衡量标准),就可以提高杠杆率上限(即债务与资产比率,这是衡量REITs资本化程度的指标),目前还不确定这项新规定何时会通过。

无论上述结果如何,我们始终强调,虽然REITs利用融资方式可以提高股息收益率并吸引 REITs 投资者，但它们的价格风险更大。债务融资只能适当实施，以避免过高的价格波动，否则 REITs 将失去对高信贷风险和再融资风险容忍度低的投资者。

---- 经 验 教 训 ----

希望通过债务融资而不是股权融资来筹集资金的 REITs 管理人应该注意市场时机。不幸的是，尽管有大批银行家在帮助新加坡 REITs 管理人，却没有多少人能够做到这一点。理想情况下，债务工具应在债务成本低或股本成本高时使用。与生活中的许多事情一样，理论总是过于理想化，但这正是投资者最准确地评估 REITs 管理人素质的方法。

利率风险

REITs 的利率风险体现在资金成本（COF）或融资成本上。REITs 将大部分收入分配给股东，只保留最少的收入，以享受税收穿透，因此，当贷款到期时，通过更高的成本进行再融资的利率风险是一种长期风险。显然，如果 REITs 使用抵押贷款且无法获得再融资，不得已被要求出售物业时，这对 REITs 的价格影响是巨大的，正如次贷危机期间我们在 MacarthurCook 工业信托身上看到的情况。

多年来，资金成本或融资成本较低的新加坡 REITs 往往拥有实力很强的发起人、优异的 REITs 管理人和优质资产，银行更乐于借钱给上述 REITs、上述资产或两者的结合。

我们一直强调，人们可以从资金成本中精准地看出 REITs 银行家试图告诉投资者的信息。如果 REITs 持续面临高资金成本或融资成本，说明该 REITs 的发起人、管理人和资产质量结合在一起不够优质。资金成本高或融资成本高使得进一步收购变得更加困难，因为银行贷款合约要求会更高，而且会用掉宝贵的现金。特别是当利率上升时，这会变得异常重要。

在新加坡 REITs 市场中，资金成本较高的 REITs 大多是在海外拥有资产的 REITs。宝胜工业信托却有所不同，其所有资产都是本地资产，然而遗憾的是，即便到了利率一直处于下行阶段的 2019 年，其资金成本还是接近 4%。不出所料，在多年股价表现不佳之后，该公司决定在 2020 年 7 月与易商红木信托合并（尽管交易结构更像是出售）。

在与易商红木信托合并后，扩大后的实体进行了一笔 4.6 亿新元的 5 年期融资贷款，偿还了宝胜原有的 2.94 亿新元贷款，并为改建宝胜最大的资产——位于罗弄泉的新技术园，支付了 5 860 万新元的前期土地款。这笔 4.6 亿新元贷款的全部成本仅为 2.5%，比宝胜原有的 3.8% 的资金成本便宜得多，甚至比易商红木信托 3.54% 的资金成本还要便宜。这笔融资执行得非常漂亮，绝对是大师手笔，反映了易商红木信托管理团队的出色和精明。不仅如此，这笔贷款属于无担保性质，据估算这将节省约 790 万新元。许多 REITs 希望通过合并来做大做强的主要原因就是要借此节省利息支出，即将完成的易商红木宝胜信托的合并也是如此。

反过来，一些表现良好的REITs，如百汇生命产业信托和吉宝数据中心信托的资金成本甚至低于2%。由于百汇生命产业信托能够借到成本更低的日元以匹配其在日本的资产，它已经能够享受低于1%的资金成本。雅诗阁公寓信托，尽管身处周期性更强的酒店行业，却能够比同行表现得更好。其资金成本在同行里最低，部分是因为其发起人实力强大，它是凯德集团的一部分。作为比较，其2020年3月31日的最新资金成本为1.8%，不到亚腾美国酒店信托公司资金成本3.9%的一半（见表6.1）。

表6.1 资金成本较低的REITs （%）

名称	2018年12月31日	2019年3月31日	2019年6月30日	2019年9月30日	2019年12月31日	2020年3月31日
百汇生命产业信托	0.97	0.91	0.91	0.81	0.80	0.63
吉宝数据中心信托	2.20	2.10	1.70	1.70	1.70	1.70
雅诗阁公寓信托	2.30	2.10	2.10	2.10	2.00	1.80

许多情况下，投资者忽视了利率风险，作为股东遭受到大幅资本利损和股息损失。在投资课上，我们特意花费大量时间进行情景分析，并为REITs财务和运营指标的各种可能性做准备，以预防REITs财务恶化，因为当高融资成本最终来临时，股价可能会快速下跌。投资者越是大范围地研究不同行业、不同区域的REITs，越会明白风险确实是独特的和不均匀的。投资者必须准备并保护自己的REITs投资组合

免受再融资风险的冲击。

经 验 教 训

REITs 的利率风险体现在资金成本或融资成本上。REITs 将大部分收入分配给股东，只保留最少的收入，以享受税收穿透，因此，当贷款到期时，通过更高的成本进行再融资的利率风险是一种长期风险。许多情况下，投资者忽视了利率风险，作为股东遭受到大幅资本利损和股息损失。聪明的 REITs 投资者必须始终准备和防范 REITs 投资组合的再融资风险。

过度依赖资本市场

许多投资者喜欢 REITs 股息的稳定性和经常性。这使得股东能够控制自由现金流，获得稳定且不断增长的股息，并最大限度地降低再投资风险。REITs 能够提供这种好处是因为法律授权它们支付至少 90% 的应税收入作为股息以获得税收穿透，这样做通常不会给 REITs 留下多少现金储备。

如果 REITs 管理人需要进行大规模收购，不多的现金储备可能会迫使其利用外部资本市场。这本身并没有什么问题，因为它给少数股东机会来审核 REITs 的收购，实际上增加了另一层判断。从理论上讲，如果收购对每股股息或资产净值带来很少的增值，对整体投资组合的积极影响也微乎其微，就很难赢得股东的认可。

然而实际上，如果 REITs 管理人选择积极扩张，那么它不可避免地会过度依赖资本市场，而大多数 REITs 管理人不会承认这一点。

案例研究：宏利美国房地产投资信托

2020 年 3 月 24 日（星期二），在疫情危机引发的资产抛售的高潮时期，当地媒体报道："宏利美国房地产投资信托的管理人将 REITs 可怕的价格下跌归咎于指数基金和交易型开放式指数基金的大规模抛售、私人银行的追加保证金，以及美国新冠疫情局势加剧波动导致的基金赎回并转投其他柜台。"①

宏利美国房地产投资信托无疑是新冠疫情危机引发的资产抛售中表现最差的 10 只 REITs 之一（见图 6.1），与其他在美国上市的 REITs，如吉宝太恒美国房地产信托和 Prime 美国房地产投资信托一样。我们之前在投资课上警告过我们的投资者学生要避开这些美国 REITs。我们坚信应该避开宏利美国房地产投资信托，原因如下：

1. 2019 年年底，宏利美国房地产投资信托的资产管理规模相比 2016 年 5 月 12 日 IPO 时的 7.99 亿美元增长了 160% 以上，达到 21 亿美元，但每股股息增长乏力（见图 6.2）。
2. 宏利美国房地产投资信托虽然规模增长强劲，但资产老旧，

---

① 资料来源：*Business Times*, 24 March 2020.

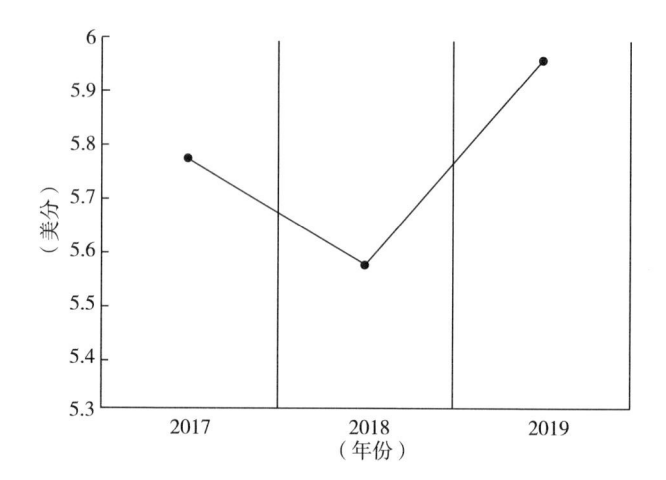

图6.1 宏利美国房地产投资信托在新冠疫情危机期间遭受最大幅下跌
资料来源：ShareInvestor。

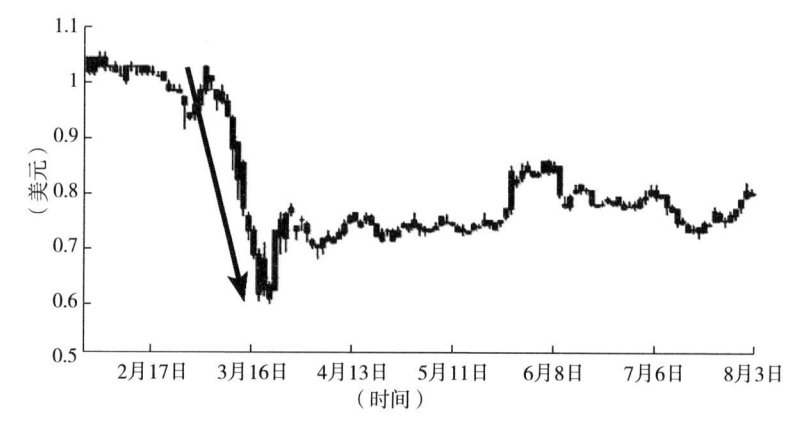

图6.2 2017—2019年，宏利美国房地产投资信托的每股股息增长乏力

特别是Figueroa和Michelson两处物业在2019财年净物业收入都出现下降。尽管2019年四季度报告中写字楼市场总体业绩不错，但即使是新收购的The Exchange物业也出现了净物业收入的负增长。

3. 如果从最初的 IPO 物业组合中剔除掉新收购的房产，可以明显看出，最初的 IPO 物业的净物业收入实际上面临增长乏力的局面。

4. 尽管有激进的收购战略，但像其每股股息一样，其资产净值并没有增长。相反，截至 2019 年年底，资产净值已跌至每股 0.79 美元。

5. 尽管其资产所在的各个区域的写字楼租赁市场没有任何新楼交付，新增供应为零，但其各种房产的租金增长似乎不能反映这种现象。

6. 许多投资者开始质疑收购策略是否与其试图进入富时 EPRA/NAREIT 指数的目标有关，特别是其每股股息一直持平的表现不合常理。

抛售

在电话会议上，宏利美国房地产投资信托试图提振投资者对其的信心，他们确认了租金安全，尽管租户暂时在家工作、一些租户正在裁员，REIT 也远未违反任何财务协定条款。

之前，我们已多次警告过投资要避开那些在太短的时间内扩张过快的 REITs。在 REITs 继续疯狂收购之前，投资者应该先看看过去其完成的收购是否取得成果，质量如何。

宏利美国房地产投资信托于 2016 年 5 月 12 日以 0.83 美元的价格 IPO，资产管理规模（AUM）为 7.99 亿美元，其中仅包括 3 个在美国的写字楼物业，即 Figueroa、Michelson 和 Peachtree。到 2019 年年底，它已扩张到 9 个物业，价值 21 亿美元。

基本上，该 REIT 在短短 3.5 年内将其房产数量从 3 个增加到 9 个，其管理资产的价值在同期几乎翻了 3 倍，从 7.99 亿美元增加到 21 亿美元。然而，在其最新的 2019 年年报中，宏利美国房地产投资信托的 9 个物业资产中有 3 个净物业收入对比 2018 财年都出现了下降，这包括其新收购的物业 The Exchange（见图 6.3）。

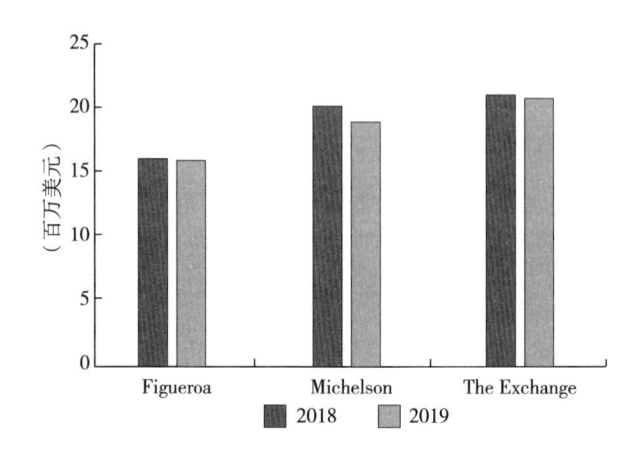

图 6.3 Figueroa、Michelson 及 The Exchange 3 个物业的 2019 年净物业收入与 2018 年相比出现下降

REITs 在 IPO 后通过收购进行扩张无可厚非。然而，投资者首先需要看清早期扩张的成果是否转化为他们实际获得的每股股息。宏利美国房地产投资信托总是公告经过调整后的每股股息，以反映每次收购带给每股股息的变化。然而，投资者需要特别关注的是实际每股股息，而不是调整后的每股股息，因为那才是他们收到的股息。

短时间内过快的扩张和过多的融资可能会使投资者感到困惑，特别是那些一上市其持有的原始资产就开始出现增长乏力的情况，更是令人费解。

太快太早？

在 IPO 大约一年后，宏利美国房地产投资信托表示，希望将资产管理规模翻一番，达到 16 亿美元。之后，该公司以 1.16 亿美元收购了位于新泽西州 Secaucus 的广场。对此，我们向投资者介绍了以下情况。

1. 为了此次收购，宏利美国房地产投资信托以 41 对 100 的配股比例大幅折价配股，配股价格为 0.695 美元，按该股宣布配股前的最后一个交易日——2017 年 8 月 31 日新交所每股 0.965 美元的收盘价算，大幅折价 28%。这次配股旨在从股东中筹集 2.08 亿美元（2.83 亿新元）。大多数以大幅折扣进行配股来完成收购的 REITs 在每股股息增长方面都表现不好。10 年来，我们一直强调，挑选优质 REITs 最重要的因素是每股股息的稳定和持续增长。[1]

---

[1] 资料来源："The Ability to Deliver DPU Growth is the Key in SREITs Outperformance in 2018," *GCP Global*, 3/1/2019, https://gcpglobalsg.wixsite.com/gcpglobal/post/the-ability-to-deliver-dpu-growth-is-the-key-in-sreits-outperformance-in-2018.

2. 宏利美国房地产投资信托开始每季度报告调整后的每股股息。之后，该公司于 2018 年以 1.82 亿美元收购了位于华盛顿特区的宾夕法尼亚大道 1750 号和以 2.05 亿美元收购了位于亚特兰大巴克海特的菲普斯大厦。2018 年 4 月，这些收购使其资产管理规模增加了 3.87 亿美元，达到 16.955 亿美元。

2018 年 5 月，宏利美国房地产投资信托不得不通过另一次配股再次筹集资金，这次是 22 对 100 的配股比例，配股价格 0.865 美元，筹集 1.98 亿美元。该配股相对于 0.9391 美元的成交量加权均价大幅折价 7.9%。股东们不得不又承担一笔大幅折价配股的负担以支付收购费用。

我们基于这些情况做出以下评价。

1. 这 4 次收购未能持续稳定地提高每股股息的增长效率。如我们所料，宏利美国房地产投资信托的股价在 2018 年艰难前行，反映了其每股股息的零增长（见图 6.4）。
2. 其调整每股股息后的解释在投资者中造成了混乱，因为投资者难免发出质疑，是否每个季度的每股股息都会因为配股或是因为新收购资产的净物业收入而调整，抑或两个原因都有？针对每个原因，每股股息在哪个时间段内调整了多少？投资者在 REITs 中希望得到的是简单而不是混乱。

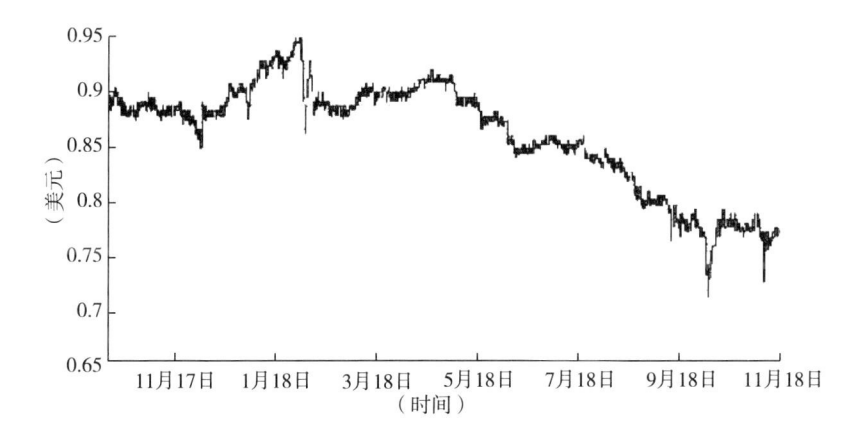

图6.4 宏利美国房地产投资信托的股价在2018年持续下跌
资料来源：ShareInvestor。

该公司随后提到，它希望将资产管理规模翻一番，达到25亿美元，这样才有资格进入富时EPRA/NAREIT指数。

宏利美国房地产投资信托随后于2019年4月以1.22亿美元收购了位于华盛顿弗吉尼亚州的Centerpointe，于2019年9月以1.988亿美元收购了加利福尼亚州萨克拉门托的400 Capitol。这两笔收购均通过比市场价格大幅折价的定向增发来融资。宏利美国房地产投资信托的管理人暗指"指数基金和交易型开放式指数基金"和机构是在2020年3月进行大幅抛售的罪魁祸首，但如果它们确实在当年参与了定向增发，我也不会感到奇怪。

REITs管理人可以而且应该谨慎决定谁可以参与定向增发。如果大部分增发股份都授予了长期基金或多头机构基金，那么2020年3月的股票抛售也许就不会那么严重了。也许宏利美国房地产投资信托可以从新上市的同行Prime美国房地产投资信托那里学到一点。后者在

第六章　投资REITs的风险　　131

2020年2月以0.957美元的价格进行增发时宣称，其发行对象是"长期机构投资者、私人财富客户和多策略基金"，这将有助于避免在危机期间股价大幅下跌。尽管听起来投资者的REITs得到了机构投资者的支持，但在危机时期能否实现则有目共睹。

危机是你低价买入的良机

截至2020年3月23日（星期一），宏利美国房地产投资信托的股价暴跌至0.555美元，大幅下跌46.64%，这是宏利美国房地产投资信托股价的历史低点（见图6.5）。尽管宏利美国房地产投资信托有各种缺点和上面阐述的各种问题，但每股0.555美元的低价还是进入了便宜区域。我们会引导投资者通过在市场上捡漏来穿越危机。

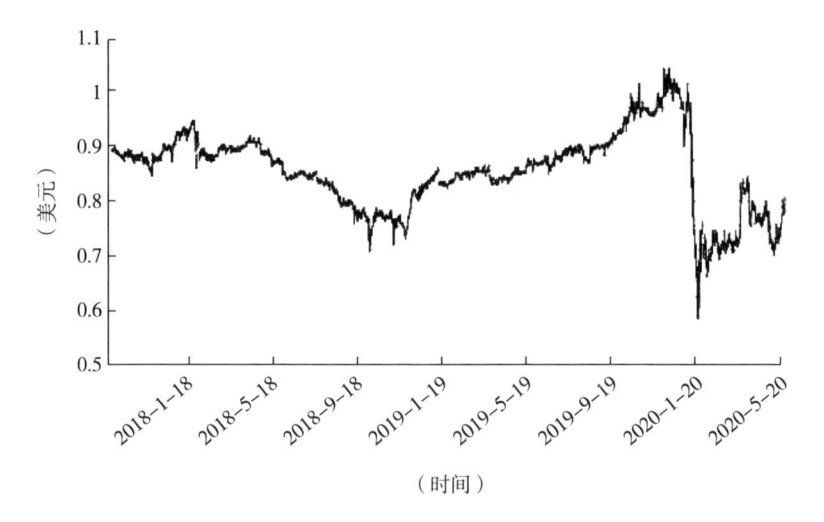

图6.5 宏利美国房地产投资信托的股价在疫情期间遭遇了暴跌
资料来源：ShareInvestor。

聪明的REITs投资者克制多年，就是在耐心等待低价买入的机会，而危机正是以低价获取此类REITs的最佳时机。

REITs扩张本身没有错，就像宏利美国房地产投资信托将资产管理规模翻倍确定为目标一样。然而，明智的REITs投资者必须认识到，如果出于某些原因，这些REITs失去了在资本市场融资的机会，或遭受利率飙升的惩罚，不管是不是暂时的，它们的股价都将处于崩溃状态，以上情况就像宏利美国房地产投资信托的股价在新冠疫情危机期间所经历的那样：其股价从2020年2月19日的1.05美元跌至2020年3月23日盘中低点0.555美元。截至2020年6月30日，其股价依旧徘徊在0.755美元，比新冠疫情危机前的日常水平低了28.10%。

许多具有潜在破坏性的、对REITs产生影响的事件越来越频繁地在发生。REITs管理人应该明白，得益于现代通信和互联网的便利性，任何消息——特别是坏消息，能几乎瞬间传遍整个世界。

经 验 教 训

结论就是REITs的股价可能随时会大幅跳水，就像宏利美国房地产投资信托所遭遇的情况，管理人根本没有机会澄清或做出反应。因此，REITs管理人必须密切关注可能影响他们及其股价的各种战略、战术、布局和潜在风险，不能仅为规模增长而仓促进行收购。聪明的REITs投资者应该首先研究理解过去完成的收购对REITs每股股息增长的影响。REITs管理人也不能简单地认为投资者会清楚地理解其所有的扩张计划，特别是在市场表现不佳的时期，否则股价将会受到重大冲击。

收入风险

《新冠疫情法案（暂行办法）》的通过，将 REITs 投资者的收入风险放在了最前沿。根据该法案，租户可以暂时停交租金长达 6 个月，这无疑将影响 REITs 的主要收入。如果租户在暂停交租后仍无法支付租金，则 REITs 可能会受到坏账的影响。

法案通过后，许多 REITs，尤其是那些在受到严重影响的零售和酒店等子行业的 REITs，在 2020 年一季度季报或 2020 年一季度业务更新中宣布开始减少股息。当 REITs 公布其结果或更新时，用于继续股息的资金有以下几种来源：

1. 分配收入。
2. 资本。
3. 未派发的以前的资本利得。
4. 保留特定租户收到的租金。
5. 特别准备金。

将 2020 财年应税收入的股息发放时间从 3 个月延长至 1 年，可以改善 REITs 的处境，给予 REITs 更多时间来管理其现金流，并与租户就各自的租金付款进行商议。根据税收穿透处理原则，只要将可税收入作为股息发放，且股息率为 90% 或以上，就不对 REITs 的收入进行征税。

那些近期面临股息减少情况的 REITs 投资者不得不好好祷告，希望租户拖欠他们的延期租金会在未来支付，因为 REITs 需要满足税收穿透的条件。如果租户根据相关法案推迟缴租，而 6 个月后，租户现金流仍未改善，甚至不得不申请破产时，REITs 的股息肯定会受到影响。

如果 REITs 报告了运营亏损或类似新冠疫情带来的损失（按照临时立法允许租户推迟支付租金），那该 REITs 不一定非要发放股息。

收入风险还包括随着空置率的增加续签租约时租金下滑的风险。投资者应询问 REITs 是否采取了缓解措施，如获得足够数额的保证金、预付款或合同锁定租金及租赁协议中的其他条款。新冠疫情无疑将收入风险带到了最前沿。

集中度风险

集中度风险来自物业的地理位置相对集中或租户相对集中。理想情况下，投资者希望看到房产组合分布在多个城市，而不是集中在一个微型市场且该市场还占据了 REITs 资产的绝大部分。

此外，投资者不希望单个租户占租金总收入的很大一部分。租户集中度高意味着如果主要租户违约，收入和租金损失将是巨大的。例如，速美商业空间信托的两个租户——Technics 石油和天然气有限公司、NK Ingredients（新加坡）有限公司连续几年申请债务重组，对速美商业空间信托的财富和股价表现都产生了巨大影响。

租户组合良好的 REITs 较少受到集中度风险和特殊事件风险的影响。尤其是有些风险我们知道自己对其不了解，而有些风险我们不知道自己对其不了解。同样有趣的是，新上市的 Elite 商业信托只有一个租户——英国政府通过住房大臣成为其租户。该 REIT 于 2020 年 2 月 6 日在新交所首次亮相，发行价格为 0.68 英镑，这是新交所首次以英镑发行的 REIT。该 REIT 在新冠疫情危机中跌至 0.50 英镑以下，截至 2020 年 6 月底收于 0.70 英镑，仅比其 IPO 价格高出 0.02 英镑。

流动性风险

一个资产类别的流动性变得不好就会影响 REITs 的相对吸引力。在 2007—2009 年全球金融危机期间，这一点被提到了最前沿。一个市场流动性不好造成的冲击，会影响对资产的需求和对同一行业相关资产的需求。金融、资本和房地产之间的关联可能导致危机期间出现资金往最安全的资产领域转移的现象。反过来，当市场平静下来后，会看到投资者将资金从最安全的资产领域转移出来，进行风险投资。

REITs 主要投资于房地产市场，这些市场是细分的。资产位于不同市场的 REITs，基于其物业所在市场的不同，会受到不同程度的流动性不足的影响。

尽管 REITs 投资者可以在交易所相当容易地买卖 REITs，但 REITs

所持有的房地产的流动性可能相对较差,或者受政府使用法规的约束。这给REITs带来了流动性风险,因为如果出现任何不利的经济状况,在短时间内很难找到接盘者。

在这一点上,速美商业空间信托在其持有的洛阳路72号上遭遇的冲击和不幸就是一个典型例子。该工业REIT于2013年8月16日在新交所上市,首次公开发行价格为0.78新元。

速美商业空间信托的每股股息在2015财年达到最高6.487分,并在2019财年持续下滑至4.22分,4年降幅为35.95%。早在2016年,我们就曾发出警告:除了2015年三季度和2016年四季度的两个特殊情况外,该REIT在过去22个季报中已连续出现每股股息季度环比负增长的情况(见图6.6)。

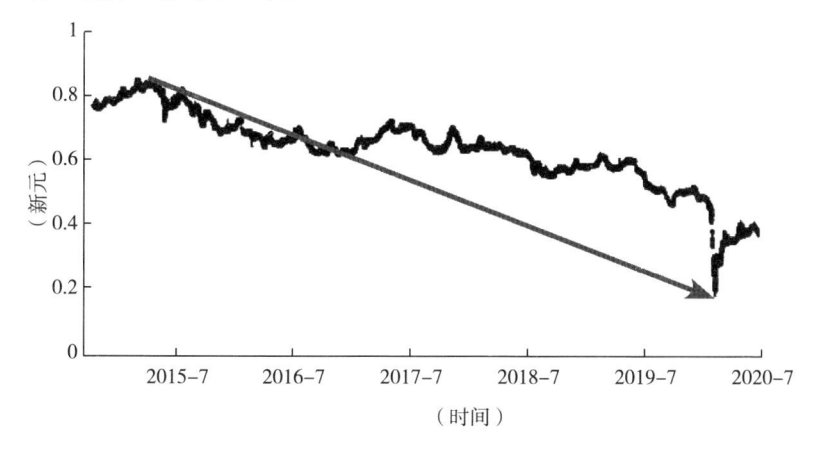

图6.6 速美商业空间信托的股价自2015年起持续下跌
资料来源:ShareInvestor。

2015年5月27日,该REIT斥资9 700万新元收购了洛阳路72号的一处房产，另支付收购相关的费用112万新元。在2015年3月12日的公告中，它将洛阳路72号描述为提供"罕见而独特的海景房产"。该物业是一个综合设施，包括占据两个街区的3层和4层的辅助办公楼，两个挑高超高的单层生产厂房，一个喷砂和喷漆室，一个可容纳200名工人的宿舍楼和一个面海的142米宽的码头。物业总面积为171 293平方英尺。

然而，之后该REIT很快就开始麻烦缠身。其租户Technics公司在收购后一年内就开始拖欠租金了。该租户的主要业务在海事及近海服务领域，而石油和天然气行业在2016年遭遇困境。该租户开始违约时其租金占该REIT租金总额的9.1%。在租户违约之后，速美试图转租洛阳路72号，却面临流动性问题，其股东意识到该物业必须遵守裕廊镇公司（JTC）的转租限制，只能转租给海事及近海服务业的租户，而后者也面临着与Technics公司相同的问题。到2016年四季度，JTC暂时解除了对洛阳路72号的转租限制，占总建筑面积30%的部分可以转租给在海事和石油行业以外运营的非主力租户。但随后致命的挑战是如何找到一个合格的主力租户（必须在海事、石油和天然气部门运作）租赁剩余70%的面积。

2018年3月21日速美卖出该资产时，仅收回3 406万新元，在短短3年内，其巨额资本损失达64.86%，即6 290万新元，跟购买价格一比显然是一个惊人的损失。然而，当速美公告出售资产时，却提到该笔交易预计获得资本利得55 000新元。当然，这种"利得"是基于上次资产重估时得出的3 300万新元的评估值。这显然意味着该房产之前严重贬值，从最初 9 700 万新元的购买价格下降了 6 400 万新元。毫无疑问，原来购买时支付的 9 700 万新元明显太高了。

REITs 投资者依赖管理人来照看他们的投资，尤其是新的买卖，如果买贵了，它们将难以实现持续增长，这从其不断下滑的每股股息中就可以清楚地看到。投资者应始终避免那些进行高风险收购、以旧换新进行资本回收或进行对股东没有好处的新收购的 REITs。从这些收购之后的股价表现中可以明显看出这一点。在进行此类收购之后，REITs 的市场价格是此类收购好坏的最佳判断标准。

在 2020 年 3 月的抛售中，速美商业空间信托的股价达到了 0.1999 新元的历史低点。截至 2020 年 6 月底，其股价为 0.39 新元，较 0.78 新元的 IPO 价格下跌了 50%。

相比之下，根据我们对交易历史少于 7 年的新加坡 REITs 的研究（不包括已经停牌的美鹰酒店信托），速美商业空间信托是 3 个自 IPO 以来价格下跌超过 50% 的新加坡 REITs 之一。截至 2020 年 6 月 30 日，它的另外两个"难兄难弟"是下跌了 52.50% 的华联商业信托和下跌了 54.55% 的亚腾美国酒店信托（见表 6.2）。新冠疫情导致的危机带给 REITs 管理人的警告是：投资者应该明白，得益于现代通信和互联网的便利性，任何消息，尤其是坏消息，能几乎瞬间传遍世界。结论就是 REITs 的股价可能随时会大幅跳水，就像在危机期间的速美商业空间信托一样。如果 REITs 管理人能在危机冲击其股价之前就认识到这种风险并处理其薄弱环节，这种情况可以避免。

表6.2　截至2020年6月30日表现最差的REITs（7年以下交易历史）

表现最差的REITs	IPO日期	IPO价格（新元）	2020年6月30日（新元）	价格变化（新元）	跌幅（%）
亚腾美国酒店信托	2019年5月9日	0.88	0.40	-0.48	-54.55
华联商业信托	2014年1月27日	0.80	0.38	-0.42	-52.50
速美商业空间信托	2013年8月16日	0.78	0.39	-0.39	-50.00

―――― 经　验　教　训 ――――

尽管REITs投资者可以在交易所相当容易地买卖REITs，但REITs所持有的房地产物业流动性可能相对较差，或者受政府使用法规的约束。这给REITs带来流动性风险，因为如果出现任何不利的经济状况时，在短时间内很难找到接盘者。

MAKING YOUR MILLIONS in REITs

第七章

投资者如何与 REITs 一起成长

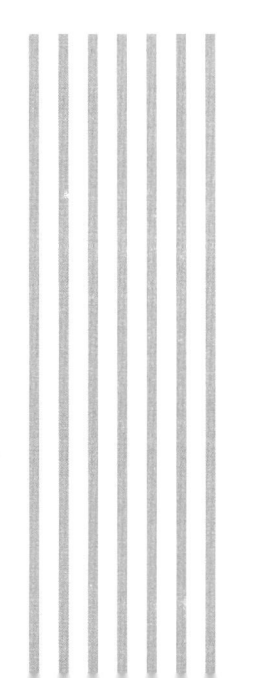

大多数投资者投资 REITs 是为了获得持续而稳定的收入，因为 REITs 每季度或每半年会支付一次股息。美国的 REITs 市场最发达，一些 REITs 甚至按月派发股息。

此外，投资者也希望他们投资的 REITs 能够逐渐提升每股股息。REITs 的增长战略取决于其拥有的房产类型及其所持物业的租赁结构。写字楼 REITs 通常的租赁期为 3~10 年，这与酒店 REITs 有很大的不同，后者的平均客房收益每天都在变化。因此不同类型物业的成长和收购策略都有所不同。

从这些年的经验看，对上述问题的正确认识将有助于投资者选择表现最好的 REITs。从广义上讲，REITs 的增长包括内生增长和外延增长。

内生增长

REITs 的内生增长是指自然增长 REITs 的投资组合。内生增长的三种方法是提升租金、资产增值计划和资本回收。

提升租金

提升租金是 REITs 最常见的通过内生增长发展业务的方式。租户的租金收入构成 REITs 的大部分业务收入。REITs 的业务模式是收取租金，支付物业运营中的正常运营费用，然后将至少 90% 的收入作为股息发放给投资者。

投资者自然应该寻找那些经营有利于房东的资产的 REITs。在这方面，需要仔细审查和了解当前和未来的供需状况及房地产子行业所处的周期阶段，以挑选表现优异的 REITs。

在 REITs 的实际投资中，投资者需要注意以下几个重要因素。

1. 一些医疗保健 REITs 和许多美国写字楼 REITs 在与租户签订的租赁协议中有租金每年上涨的条款。例如，百汇生命产业信托有一个年度租金审查机制，要求其发起人新加坡百汇为 3 家新加坡医院按照以下两种租金计算中较高的一种支付租金：一是基本租金＋变动租金（按照调整后医院收入的 3.8% 计算），二是上一年的租金＋（CPI＋1%）比例租金。根据上述公式，即使 CPI 为零，百汇生命产业信托仍将获得每年 1% 的租金增长。这种租金计算公式使得百汇生命产业信托成为自 2007 年 IPO 以来非常具有防御性的 REIT。事实上，该 REIT 在季报中也总是强调这一点，称其 95% 的现有租赁协议都有下行保护（按总收入计算）。

2. 越来越多的 REITs 拥有外国资产，就像许多在新加坡上市的持有美国资产的 REITs 一样，其基本租金往往在续签租约后以固定比例上升。例如，新上市的 Prime 美国房地产投资信托，在上市之初 98% 的租赁合同里有年租金上涨 1%~3% 的条款支持未来的租金上涨。租金增长往往与居民消费价格指数等通胀指数挂钩，投资者应始终检查前者的增长速度是否快于后者，而不应只是满足于其 REITs 资产拥有固定升租的协议。

3. 3 年前，吉宝亚洲房地产信托重新定义了如何计算租金上涨，该定义因为确定了租金增长的计算方式而成为人们关注的焦点。吉宝亚洲房地产信托对租金增长的定义是新租约期间的平均租金/到期租约期间的平均租金。

这些租赁合同包括以下几种：续签租约、新签租约、远期续签租约、审查租约。

并非所有 REITs 对租赁续订的解释或计算都与上述公式相同，即使在同一子行业也是如此。例如，凯德商用新加坡信托和易商红木信托的租赁续租计算就是基于（新的第一年租金）/（上年应付租金），并纳入续租、新租金和远期续租参数。

腾飞房地产信托也使用相同的公式，但仅考虑续订和远期续订租金，不考虑新的租金。因此，聪明的 REITs 投资者应该注意到计算租金增长的不同方法，这是计算 REITs 收入的主要工具。
4. 不同行业有不同的租赁条款，反映了不同的行业惯例和不同的地理市场条件。

长期租客的优点是，他们提供较长时期的有保障的收入来源，而 REITs 管理人不需要定期寻找新租户来取代现有租户，这在下行市场很有优势。例如，像吉宝数据中心信托这样的数据中心 REITs 的加权平均租赁到期期限为 8.9 年，而联实全球信托的 313 个果园资产在 2019 年 10 月 2 日 IPO 时加权平均租赁到期期限只有 1.6 年。

聪明的 REITs 投资者应该明白，加权平均租赁到期期限短并不意味着它就一定是一只高风险的 REIT。这可能是管理人的刻意安排，保持比较短的加权平均租赁到期期限，可以让资产在租金上升周期里受益，特别是当行业供需动态呈现上行趋势时。

就联实全球信托而言，不幸的是上市仅 3 个月，新冠疫情就在 2020 年 1 月席卷全球，导致 313 个果园的许多租户都必须关闭，因为他们提供的是"非必要服务"。新增和续约租赁的前景似乎都很差，与吉宝数据中心信托相比，联实全球信托的股价在新冠疫情危机引发的市场抛售中遭受了更大的打击，是时机不好还是运气不好？

相对保守的 REITs 投资者当然更喜欢加权平均租赁到期期限更长的 REITs 或资产。加权平均租赁到期期限越长，通常收益率越低，反之亦然。鱼和熊掌不可兼得，投资总要有所取舍。

---- 经 验 ☰ 教 训 ----

投资者应寻找能够自然增长投资组合的REITs。内生增长的三种方法是提升租金、资产增值计划和资本回收。投资者应该寻找那些经营有利于房东的资产的REITs。在这个方面，需要仔细审查和了解当前和未来的供需状况及房地产子行业所处的周期阶段，以挑选表现优异的REITs。

资产增值计划（AEI）

资产增值计划通常是指对物业进行改进或翻新。大多数资产增值计划都致力于使物业保持更新更好的设计，或改造物业用于其他类型的商业用途。许多零售和工业REITs使用资产增值计划来获得更大的容积率，或将工业建筑提升为更高标准的建筑。

这些做法通常是为了获得更高的单位面积收益和升级租户组合。在某些情况下，现有资产所在的整个地区都会经过彻底的改造，焕然一新。

建筑物在大型改造之后有了全新面貌，通常更容易吸引优质租户并实现更高的租金上涨。像腾飞房地产信托和丰树物流信托这样的工业REITs几乎连续不断地实行AEI。像凯德商用新加坡信托和星狮地产信托这样的零售REITs也会根据消费者需求的变化和特定领域的发展不断进行零售资产提升和 AEI。常见的 AEI 包括增设儿童游乐场和升级厕所设施，以吸引玩游戏的儿童或人流。

AEI 还包括通过长期降低管理成本或优化建筑容积率来提高内部效率。

在新加坡 REITs 的最初 10 年中，大多数 REITs 就像凯德商用新加坡信托和星狮地产信托那样能够从很多项目上获得内部收益率（IRR）10% 以上的 AEI 回报，这些项目包括新加坡广场、The Atrium、Junction 8、IMM、北角和安克坊等商场。然而，由于资产价格的持续上涨，最近的零售 AEI 只能实现个位数的回报。

对于聪明的 REITs 投资者来说，重要的是要区分 REITs 究竟是通过 AEI 来保持竞争力以防止未来租金下降，还是通过 AEI 最大限度地提高其使用率从而赚取更高的租金。

例如，在竞争激烈的办公和酒店行业，为保持竞争力而进行的翻新和整修与 AEI 大不相同。前者本质上是资本支出，而 AEI 将创建新的净出租面积，以赚取额外收入并获得投资收益。

例如，宏利美国房地产投资信托 2019 年宣布的 AEI 支出为 2 000 万美元，用于升级大堂电梯，这些支出更多的是翻新和整修，旨在保持竞争力，帮助建筑物实现涨租。

宏利美国房地产投资信托的 Figueroa 物业正在进行 AEI，包括大堂翻新、咖啡馆扩建和外部绿化，耗资 800 万美元。其 Exchange 物业也正在进行 AEI，其中包括大堂装修、安保/生活安全系统更新和一个新的玻璃幕墙，整修工程将耗资 1 200 万美元。

资产增强可以释放现有物业的隐藏潜力，并可以成为业务增长的长期关键驱动力，甚至可以提升物业的整体价值。

工业板块的 REITs 在其投资组合中进行了大量的 AEI，宝泽安保房地产信托就是其中之一。截至 2019 年 12 月 31 日，其在新加坡拥有 25 座工业建筑。自 2014 年以来，它在 7 栋建筑中完成了 AEI，并在 2020 年又完成了两个 AEI。

尽管宝泽安保房地产信托对其现有资产进行大量翻新，却很少收购新资产。6 年前，该公司以 1.844 亿澳元（当时价值 2.15 亿新元）收购了位于悉尼麦格理公园的产业园区 Optus Centre 49% 的股份。然后在 2019 年 5 月 15 日，它以 4 150 万澳元（当时价值 3 984 万新元）收购了位于澳大利亚昆士兰州伯利角的 Boardriders 亚太总部。

卡尔大道 20 号是宝泽安保房地产信托迄今为止最大的开发项目。该物业包括一个五层的升级仓库和物流设施，一个大型的硬质货车调度厂，配套写字楼，提供仓库、物流和附属办公。

这个为期 3 年半的项目分四个阶段完成：第一阶段和第二阶段是将地块容积率从 0.46 提高到 1.4，第二阶段后期和第三阶段继续提高地块容积率到 2.0。整个开发项目使该地块的总建筑面积从 378 064 平方英尺增加到 1 656 485 平方英尺，是原面积的 4 倍还多。

然而，宝泽安保房地产信托的股价表现不尽如人意。其股价在过去 5 年中一直处于 1.32 美元至 1.48 美元的非常窄的区间，而最近由于新冠疫情危机，其股价暴跌至 1 美元以下（见图 7.1）。从宝泽安保房地产信托的例子可以看出，投资者似乎并没有被该 REIT 不断进行

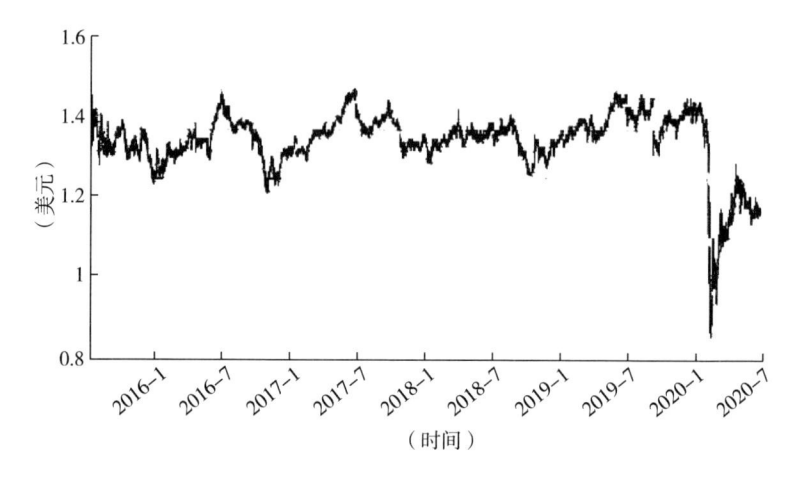

图 7.1　宝泽安保房地产信托过去 5 年的股价
资料来源：ShareInvestor。

AEI 所吸引。REITs 投资者更喜欢那些有着卓越的记录，通过收购获得出色的正收益的 REITs。

—— 经　验 📄 教　训 ——

聪明的 REITs 投资者需要区分出那些通过 AEI 最大限度地提高其使用率，并最大限度地提高租金收入的 REITs。REITs 为保持竞争力而进行的翻新和整修与 AEI 不同：前者本质上是资本支出，而 AEI 将创造新的净出租面积，以赚取额外收入和投资收益。资产的使用价值提高可以释放现有物业的隐藏潜力，并可能成为未来业务增长的关键驱动力。

资本回收

新加坡 REITs 越来越青睐资本回收计划：出售非核心资产并将收益用于购买新资产，以提高其整体投资组合的质量或实行资产增值计划。事实上，过去 10 年以来，新加坡 REITs 占房地产行业所有市场交易已接近 50%，这个比例仍在增长。REITs 管理人经常以改善 REITs 投资组合的名义来进行资本回收，但它实际上对于不同子行业可能意义不同。

REITs 管理团队正在通过更主动的资产买卖在管理其投资组合方面发挥积极作用。事实上，人们在全球金融危机和新冠疫情蔓延中得到一个重要教训：优质资产往往比低质量资产更能承受住艰难的经济状况。在信贷危机期间，银行倾向于将资本优先用于优质资产，而资产质量较差的 REITs 在贷款续期或新增贷款时往往在贷款价值比、贷款利率和放贷条件等方面处于劣势。

资本回收需要出售表现不佳的资产，并将资金投入收益率更高或质量更好的资产中。实际上要想做好并不容易。尽管如此，它还是可以帮助投资者检验 REITs 管理人的好坏。对于投资者来说，观察 REITs 管理人如何驾驭资本回收即可衡量他们的能力是否名副其实。理想情况下，投资者想要的是 REITs 实现资产质量升级，促进长期增长，同时注意资金成本、杠杆和利率走向等资本市场相关问题。这通常说起来容易做起来难，而且很少有 REITs 管理人能够达到这种水平，尽管他们身后有一大批号称更了解金融市场状况变换的银行家和顾问在提供支持。

首先，REITs 必须决定出售什么。一方面，大多数 REITs 都希望出售其"最差"房产。然而，出售"最差"的物业最有可能带来股息和收益的稀释——因为资本化率通常是最高的，所以很难找到合适的替代。此外，"最差"房产可能面临买家出价和卖家预期之间巨大的定价差距，使得交易时间比正常时间更长，尤其是在市场处于更动荡的环境时。另一方面，出售"最佳"房产则可能意味着错过其长期增长潜力。"最佳"物业也往往具有物业组合中最好的去风险功能。

其次需要考虑的因素是税收，因为出售带资本利得的房产可能会在征收资本利得税的司法管辖区造成沉重的税收负担，而资本回收的挑战就在于此。

REITs 通常倾向于长期持有其资产，无论其提供的物业净收入的连续性如何，也无论其质量如何。由此可得，回收计划宣布起来很容易，但实际上实施起来很难，因为当 REITs 出售资产时，它们会损失短期收入。因此，除非它们能够迅速更换资产，否则其净物业收入、可分配收入和每股股息将受到影响。

REITs 还通过资本回收来挖掘其他地理区域的机会。

2015 年 3 月，在中国香港上市的亚洲最大的 REIT 领展房托以 25 亿元人民币收购了北京的欧美汇购物中心，首次扩张到中国一线城市。该购物中心位于被称为"中国硅谷"的海淀区中关村，客户定位是年轻白领和中产阶级（见图 7.2）。

随后，领展房托于 2015 年 7 月在上海收购了企业天地 1 号楼和 2

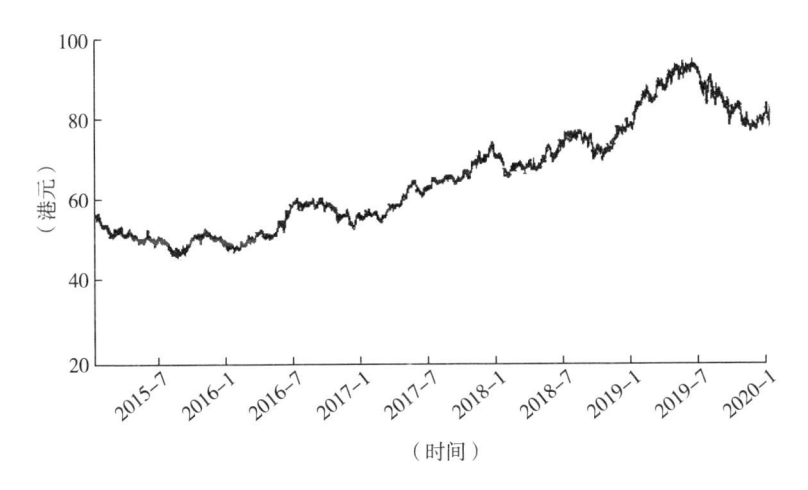

图 7.2　领展房托 2015 年 3 月首次扩张到中国一线城市之后的股价
资料来源：ShareInvestor。

号楼。该物业包含一栋高档的甲级写字楼、商场和停车场，位于黄浦区著名的淮海中路中央商务区。

领展房托于 2017 年 7 月聘请汇丰、瑞银和戴德梁行担任顾问，评估该 REIT 的战略选择。该研究参考了国际领先的 REITs 和房地产投资同行数据，涵盖了各种增长方式评估。报告的结论是，资本回收仍然是维持领展房托增长轨迹的最有效方式，建议以稳健的方式向中国一线城市扩张。

其后，领展房托于 2018 年 2 月 28 日以 230 亿港元的价格将总估价为 155 亿港元的 17 个物业卖给基汇资本，获得资本利得 73.93 亿港元。这 17 个资产多元化零售组合的交易规模之大和对广大投资者的吸引力前所未有。其中一些社区商场包括爱定商场、石篱和葵盛东屯等。

之后不到 9 个月，领展房托利用所得资金在中国的北京展开扩张行动，以25.6亿元人民币收购了一幢相对较新的零售物业——位于通州区的北京京通罗斯福广场。

截至2020年3月，根据领展房托的最新报告，中国内地资产占其投资组合的12.3%。其投资组合价值目前为2 240亿港元。

如果REITs管理人看到某些地区增长有限或供需不合理，希望筹资收购利润更高或更新的房产，购买具有更好的加权平均租赁期限特征的房产，或从过度依赖单一租户物业转向多租户物业，REITs管理人就会考虑卖出其物业。

要从资本回收中获益，需要良好的营销意识、时机和运气。然而，如果一只REIT能够再三抓住良好的市场时机或好运气，则说明管理人对市场有着精明的解读。这样的REITs就是聪明的REITs投资者应该关注的。

例如，腾飞房地产信托在2016年以7.6亿人民币（1.6亿新元）的价格出售了其中国资产，即中关村软件园。而在3年多前，它只花了6 200万新元就买下了它。能够在短短3年内获得近160%的收益，充分说明了该REIT管理人的精明。腾飞房地产信托随后于2015年9月18日首次在澳大利亚购买了价值10.13亿澳元的物流资产。当我们首次向投资者提及该股票时，腾飞房地产信托的股价为2.20新元。

腾飞房地产信托随后复制了该地理扩张战略，部分资金来自2019年向欧洲和美国出售非核心资产的资本回收。截至2020年6月底，其股价达到3.17美元，较2015年9月18日首次进军澳大利亚时上涨0.97美元，涨幅为44.10%（见图7.3）。

从本质上讲，腾飞房地产信托证明了管理人有能力完美及时地提

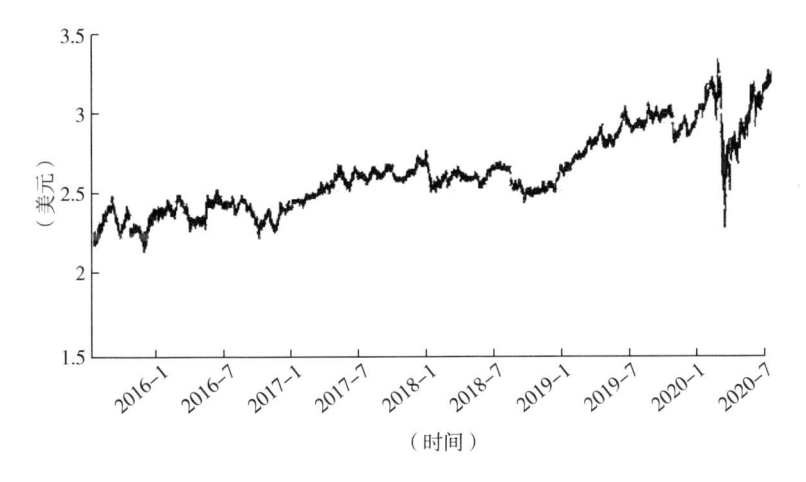

图 7.3　腾飞房地产信托自 2015 年 9 月 18 日以来的股价
资料来源：ShareInvestor。

高资产质量、分散地理风险、降低资产负债表风险和锁定大量资本利得。这样的 REITs 才是敏锐的 REITs 投资者应该关注的，这也是为什么腾飞房地产信托成为过去 20 年来我们青睐的股票之一。

不过，投资者应该注意，如果回收的现金收益没有用于收购新的物业，下一个财政年度的股息可能会下降，因为出售的资产减少了盈利。这确实需要平衡好，但如果能够执行得当，则该 REITs 管理人足以证明自己的能力，值得投资者信任。

经　验　教　训

资本回收需要出售表现不佳的资产，并将资金投入收益率更高或质量更好的资产中。实际上要想做好并不容易。尽管如此，它还是可以帮助投资者区分 REITs 管理人的好坏。对于投资者来说，观察 REITs 管理人如何驾驭资本回收即可衡量他们是否名副其实。理想情况下，投资者想要的是 REITs 实现资产质量升级，促进长期增长，同时注意资本成本、杠杆和利率走向等资本市场相关问题。腾飞房地产信托有能力通过资本回收实现向澳大利亚、欧洲和美国扩张就是一个很好的例子，而其股价表现也很好地印证了这一点。

外延增长

收购

REITs 通过实施收购来实现规模效应，并加以深化或实现收入来源的多样化，因此可以为股东带来积极的财富效应。大型 REITs 可以通过规模效应实现积极的规模经济，这可以通过降低资金成本，提升品牌形象，提高与供应商和租户的谈判能力来实现。但是，对于多大规模是临界点目前尚未有统一标准，因为当超出 REITs 的控制范围时，规模效应可能会降低。

有确凿证据表明，大多数 REITs 在进行收购时所宣扬的能够提升收益率的描述通常会受到投资者的欢迎，资本市场和股东都期待更高的收入和更高的净物业收入转化为更高的每股股息。

尽管 REITs 作为投资工具的核心属性是在风险最低的情况下获得长期、稳定和持续的股息增长，但是投资者明显更看重 REITs 的增长故事。过去 20 年的实际证据表明，当负责任的 REITs 管理人通过房地产收购获得更高的利润时，其股东将受益。

由于收购行为效果优异是优质REITs的关键竞争优势和重要特征，因此我们专门用了一整章来详细评估REITs收购（第八章）。

绿地和棕地开发

新加坡的REITs可以用其资产价值的10%进行绿地或棕地开发，而日本REITs和中国香港REITs则不允许在以前未开发的土地上进行风险较高的绿地或棕地开发、修建资产或建筑物。

新加坡REITs很少进行绿地开发，因为房地产开发业务通常都留给作为大型房地产开发商的母公司或发起人，等物业开发好以后也常常会出售给REITs。

REITs参与绿地开发各有利弊。

一个关键的有利之处是REITs可以以更便宜的买入价格获得未来的房产，特别是在房地产价格昂贵，所有内生增长手段都已经几乎用尽的情况下，绿地开发对于现金余额高、杠杆比率低的REITs更为有利。

反过来绿地开发的缺点是项目风险高，需要等上3~5年才可以看到现金流。此外，REITs可能必须购买土地、承担建设成本、减少股息，或因为需要借款而增加利息支出，并在开发阶段为开发贷款支付利息费用。

绿地开发的一个例子是雅诗阁公寓信托。2018年9月20日，该信托斥资6 240万新元收购了一块优质绿地用于其首个开发项目。它将在位于纬壹科技城的新加坡研究和创新商业中心建造第一个共享公寓项目，并将其命名为新加坡 lyf 纬壹科技城共享公寓。

该项目已开工，有 324 个建筑单元。整个项目估计耗资 1.17 亿新元，预计资金将全部来源于债务融资。新加坡 lyf 纬壹科技城共享公寓的开发将占该 REIT 总资产价值的 3% 左右，在 REIT 10% 的开发监管上限之内。此后，杠杆率预计将增至 37.2%。预计该物业将在 2021 年迎来其第一个租户，只有到那时股东才能从该项目中看到每股股息的提升。

雅诗阁公寓信托称，开发该项目的原因之一是在新加坡建立能够提升收益的优质项目池。新加坡的酒店市场已经成熟了，业绩稳定，所以越来越难以找到能够立即提升收益的资产（见图 7.4）。

目标：建设共享公寓以吸引未来的旅行者群体

共享生活在目前的共享经济中呈上升趋势，在年轻一代的商务旅行者中很有市场

新加坡lyf纬壹科技城共享公寓项目预计将于2021年支付使用，共有324套设计特别的单间公寓、跃层公寓以及社交空间

lyf纬壹科技城共享公寓位于住宅供应紧张的黄金地段，周边有400家公司、800家初创企业和50 000名专业人士

该地区吸引了70亿新元的投资，计划建设成为世界一流的设施集群和商业园区

图 7.4 雅诗阁公寓信托的主要绿地项目：lyf 纬壹科技城共享公寓

经 验 教 训

新加坡REITs行业强有力的证据表明，大多数REITs在进行收购和绿地开发时所宣传的能够提升收益率的描述通常会受到投资者和资本市场的欢迎，因为股东期待更高的收入和更高的净物业收入转化为更高的每股股息。

尽管REITs作为投资工具的核心属性是在风险最小的前提下提供长期、稳定和持续的股息增长，但是投资者显然也很看重REITs的增长。过去20年新加坡REITs的经验证据表明，只有当REITs管理人负责地进行房地产收购并提升收益时，股东才会受益。

第八章
如何分析 REITs 的收购

新加坡 REITs 越来越多地通过资产收购来扩大其规模、盈利基础和所在地域。新加坡 REITs 利用低利率，在 2018 年创下了 90.6 亿新元的资产收购新纪录，接着在 2019 年又创下了 102.4 亿新元的资产收购新纪录。在短短两年内，新加坡 REITs 的资产收购总额达到 193 亿新元，创下了自 2002 年新加坡 REITs 市场启动以来的最高纪录。

在任何 REITs 收购交易中，REITs 管理人都有双重义务。他们应该确保他们能够向股东展示并说服他们——此次收购是一项净现值为正的投资，同时证明该收购符合 REITs 的增长战略。

因此，对于聪明的 REITs 投资者来说，一定要充分了解被收购资产的性质、质量、位置及 REITs 为收购进行融资的方式。REITs 管理人试图证明每笔收购都是提升收益率的，但从本质上讲，仅仅用这一点来评估收购就够了吗？还是说应该考虑其他变量？[①]

我们都能做到以市场价收购资产，但这和为投资者争取到一笔好交易之间有着天壤之别。

可惜的是，许多 REITs 在大多数情况下也仅仅做到了前者，因此对 REITs 的股价造成了严重后果。本章旨在让投资者深入了解被收购资产的性质、此类资产的位置及 REITs 为此类资产收购融资的方式。

如果能够很好地使用获得的市场知识和经验，投资者就能够发掘出重要的信息，将好的 REITs 和不好的 REITs 区别开。聪明的投资者就可以正确判断 REITs 的盈利能力、财务灵活性、股息安全、管理能力和长期前景。

在现实世界中，聪明的投资者也应该明白，在普遍看涨的市场条件下，通常很难找到好的项目、高度提升收益率的收购。特别是当利率较低、资产价格较高时，它们通常与宽松的货币市场条件相一致。反过来，在周期性下跌的市场条件下，可能会有很多便宜的买入机会，但融资成本可能很昂贵，利率也很高。

2019 年的 REITs 收购

2018 年收购的强劲势头在 2019 年进一步得到放大，REITs 继续飞快地收购。2018 年 4 月成为新加坡 REITs 历史上宣布收购数量最多的

[①] 资料来源："Not all SREIT acquisitions have been wise and beneficial to minority shareholders", https://gcpglobalsg.wixsite.com/gcpglobal/post/not-all-sreit-acquisitions-have-been-wise-and-beneficial-to-minority-shareholders.

月份。5家REITs，即宏利美国房地产投资信托、丰树物流信托、星狮物流信托、丰树工业信托和报业控股房地产信托都在这个月宣布了收购，总额高达13.6836亿新元！

这一纪录随后在2019年7月被打破，当时3家REITs公司，即新达信托、星狮物流信托和凯德商务产业信托宣布了收购，总额为14.2404亿新元。

新加坡REITs在2019年的收购近乎疯狂，总金额达102.4亿新元。这确实是一个惊人的数字！加上为收购融资筹集的60.2亿新元新资金，再一次刷新了纪录。

可以理解的是，由于当地可投资资产有限，新加坡REITs越来越多地通过收购来寻求海外增长。然而，通过海外收购获得的增长并不一定等同于股东手里REITs股价的上涨。因为信息有限，缺乏独立渠道来核实与未来租约、入住率和租户有关的某些趋势和事实，海外收购应受到更严格的审查。此外，聪明的REITs投资者在评估拥有海外资产的REITs时，还应切实考虑持有美国资产的REITs的税收穿透风险，该问题在2018年曾经引发过恐慌。

分析师的大多数报告都基于REITs发布的路演材料，这些材料自然会提供正面信息来证明其收购的合理性。聪明的投资者应该始终质疑那些用以证明收购合理性的信息是否确实是可核实的，是否可以证明支付的价格是合理的。

——— 经 验 📖 教 训 ———

REITs 通过海外收购获得的市值增长并不一定等同于股东手里 REITs 股价的上涨。因为信息有限，投资者缺乏独立渠道来核实与未来租约、入住率和租户有关的某些趋势和事实，海外收购应受到更严格的审查。聪明的投资者应该始终质疑那些用以证明收购合理性的信息是否确实是可核实的，是否可以证明支付的价格是合理的。

过去两年发生的收购确实很有启发性，那些在海外收购中过于冒险的新加坡 REITs，其股价表现并不好，部分原因是它们为完成此类收购过多地融资，而且市场对此类收购本身就持怀疑态度。相反，那些在收购中执行良好甚至是很棒的 REITs 则表现良好，而这些也正是聪明的 REITs 投资者应该寻求的 REITs。①

案例研究：吉宝数据中心信托成功的 REITs 收购

在投资课上，我们一直建议学生重仓吉宝数据中心信托，它也是新加坡首只数据中心 REIT。吉宝数据中心信托于 2014 年 12 月 12 日以 0.93 新元上市，在 6 个国家拥有 8 个资产（见图 8.1）。

---

① 资料来源："Dealing with Volatility in the Year of the Rooster", *The Sunday Times*, 22 January 2017.

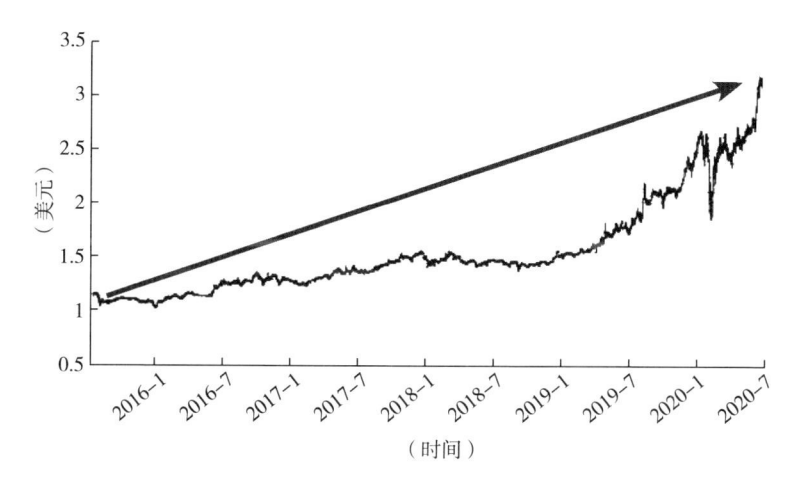

图8.1 吉宝数据中心信托的股价一直呈上升趋势

资料来源：ShareInvestor。

我们一贯强调那些能够持续进行提升每股股息的收购，并为此采用有利于股东的融资结构的新加坡REITs将成为REITs行业的赢家。此类REITs的战略将有助于提高股东的总回报，并通过精明的收购增加房地产投资组合未来增长的潜力。

吉宝数据中心信托于2016年8月12日进行了IPO后的第二次收购，收购了壳牌和核心米兰数据中心，这是该公司首次在意大利投资，数额达3 730万欧元。此次收购通过一个12年期限的双净租赁增强了该REIT的现金流稳定性，该租赁合同包括定期涨租的条款并有权续租6年。米兰数据中心被完全租赁给世界上最大的电信公司之一。此次收购将其投资组合加权平均租赁到期期限（WALE）从当时的8.7年延长至9.3年。

我们预测，此次收购可能标志着吉宝数据中心信托（当时股价

1.14新元）迎来了自IPO以来的转折点，因为其租赁结构、延长的加权平均租赁到期期限、相对良好的收购价格和优质的资产质量等因素，会推动其未来股价和每股股息增长。

吉宝数据中心信托通过更大规模的投资组合获取更稳定的收入。通过增加其基础资产组合至18个物业，管理规模将提升30.7%，从19.8亿新元增长至25.8亿新元（见图8.2）。

欧洲
爱尔兰
1.吉宝数据中心都柏林1期，都柏林
2.吉宝数据中心都柏林2期，都柏林
英国
3.GV7数据中心，伦敦
4.卡迪夫数据中心，卡迪夫
荷兰
5.阿尔梅勒数据中心，阿尔梅勒
德国
6.Maincubes数据中心，美因河畔奥芬巴赫
意大利
7.米兰数据中心，米兰

亚太地区
新加坡
8.吉宝数据中心新加坡1号
9.吉宝数据中心新加坡2号
10.吉宝数据中心新加坡3号
11.吉宝数据中心新加坡4号
12.吉宝数据中心新加坡5号
13.1-Net North 数据中心
马来西亚
14.Basis Bay数据中心，赛城

澳大利亚
15.Iseek 数据中心，布里斯班
16.Gore Hill 数据中心，悉尼
17.Intellicentre 2 数据中心，悉尼
18.Intellicentre 3 东数据中心，悉尼

图8.2 吉宝数据中心信托多年来的持续收购

针对数据中心的需求预计将加速增长，远远超过其供应的增长速度，因为全球各国政府正计划加快推动宽带和电子商务的发展。此外，许多技术专业正在增加信息和技术外包、采用云计算和数据主权法规，这将推动对数据中心的需求增长。

仅仅两个月后，即2016年10月6日，吉宝数据中心信托又收购了卡迪夫的一个包括外壳和内核的数据中心，该中心以15年三净租赁

的方式完全租赁给全球最大的云服务提供商之一，收购价为3 400万欧元。此次新收购将其加权平均租赁到期期限进一步延长至9.5年，而且有许多和上次一样的优点。

这又是一次很棒的收购，因为数据中心用户希望增加国内业务或在英国各地分布数据中心，以在脱欧前扩大覆盖范围。随着物联网在英国的普及，对新技术的大量投资，需求增长预计将攀升，远远超过供应增长。此外，英国脱欧后英国和欧盟数据驻留和合规要求的差异可能会增加数据回归英国和威尔士本土的动力。

吉宝数据中心信托随后在2017年又收购了价值3亿新元的资产，随后在2018年又收购了5亿新元资产，并在2019年年底再次创下了6亿新元的收购新纪录，从而将管理规模提升至25.8亿新元，包括8个国家的18项资产。大多数收购具有高度重合的重要特征：保护股东稳定的租赁协议、延长投资组合的加权平均租赁到期期限，以及以合理的价格购买的优质资产，即无须支付过高的价格。所有这些因素都有助于实现其股价的持续上涨和每股股息的持续增长（见表8.1）。

表8.1 吉宝数据中心信托在重点事件和时间中的股价

重点日期	价格（新元）	事件
2014年12月12日	0.93	IPO
2016年8月12日	1.14	在米兰收购第一个海外数据中心
2016年8月13日	1.14	我们强烈推荐此REIT
2016年10月6日	1.16	在威尔士的卡迪夫收购数据中心
2016年10月17日	1.18	优先配股，以每股1.155新元的价格每1 000股配274股，募集2.795亿新元

（续表）

重点日期	价格（新元）	事件
2016年12月30日	1.185	2016年年底收盘价
2017年12月29日	1.43	2017年年底收盘价
2018年12月31日	1.35	2018年年底收盘价
2019年12月31日	2.08	2019年年底收盘价
2020年6月30日	2.55	2020年年中收盘价

2019年的收购

值得注意的是，吉宝数据中心信托最新的两笔收购进一步确认了其自上市以来一直坚持的通过收购来提升价值的策略。这两笔收购包括2019年9月16日以3.849亿新元收购的吉宝数据中心新加坡4号和以2.002亿新元收购的1-Net North数据中心（见表8.2）。

表8.2 吉宝数据中心通过提升每股股息的收购稳固其在新加坡的地位

	吉宝数据中心新加坡4号99%的股权	1-Net North数据中心100%的股权
• 独立估值报告支持吉宝数据中心新加坡4号及1-Net North数据中心的收购价格 • 拟收购资金来源包括：增发、优先配股、借债 • 交易预计于2019年4月完成	• 2017年完工的5层运营商中立型专用共存数据中心设施 • 入住率92%，承诺提供全部信息技术电源 • 两年租金支持共计870万新元 • 3.849亿新元的收购价格低于戴德梁行和第一太平戴维斯的评估值（约3.851亿新元，包括租金支持）	• 2016年完工的5层专用设施 • 三净主租赁协议——没有义务提供资本支出和运营费用 • 2.002亿新元的收购价格低于莱坊的评估值（2.005亿新元）和戴玉祥行的评估值（2.015亿新元）

收购将使每股股息从 0.0732 新元提高到 0.0801 新元，涨幅高达 12.4%，远远优于其他 REITs 在 2018 年和 2019 年收购时取得的成绩（这些收购对每股股息的影响不到 3%）。该收购对每股股息的影响比行业平均水平高出 300%！

经验 教训

敏锐而精明的投资者应该寻找那些能够通过新收购带来每股股息增长的 REITs，以此获得增值回报。那些能够在资产收购中提高每股股息，且幅度远高于平均值的 REITs 将是表现优异的赢家。

融资结构

此外，吉宝数据中心信托巧妙地利用融资结构为收购提供资金，使其能够筹集到足够的资金，同时确保现有股东的利益。其资金有以下几个来源。

1. 以每股 1.744 新元的价格私募增发 1.35 亿股，募集 2.3544 亿新元，该价格对比其交易量加权平均价格 1.7882 新元只有 2.5% 的折扣。相比之下，就像在第四章里所描述的，克伦威尔欧洲房地产投资信托以 0.46 欧元的价格进行了增发，相对其在 2019 年 6 月 20 日进行的大宗交易计算出的交易量加权平均价格 0.5209 欧元，折扣高达 11.7%。

2. 以每股 1.70 新元的价格优先配售 1.41989 亿股，募集 2.428 亿新元，该价格对比其交易量加权平均价格 1.7882 新元又只有 4.4% 的折扣。

保护现有股东的利益

在为收购融资时，吉宝数据中心信托做到了以下几点。

1. 现有股份没有被大量稀释。2.5% 的增发折扣实际上是 2019 年并列第二好的增发价格。最好的是星狮地产信托，其于 2019 年 5 月 16 日以每股 2.382 新元的价格增发，对比交易量加权平均价格 2.4189 新元，折价 1.5%。其次是 2019 年 11 月 19 日腾飞印度信托执行的增发价格 1.508 新元，对比 1.539 新元，折价 2.5%。

2. 现有股东有机会以 1.71 新元的价格参与优先配股，并申请超额配股。当然，获得超额配股就像"中彩票"，因为 2019 年 9 月 16 日之后的最低价是 1.80 新元，吉宝数据中心信托在 2019 年年底收于 2.08 新元，这是新加坡 REITs 难得的好成绩。尽管碰上新冠疫情危机，其股价在 2020 年继续上涨，2020 年 6 月 30 日收于 2.55 新元。

3. 这是一个能够高度提升每股股息的收购，将使每股股息提高 12.4%，即行业平均水平的 4 倍。聪明的 REITs 投资者应该将其与速美商业空间信托于 2019 年 8 月 21 日在澳大利亚阿德莱德的 Grenfell 街 25 号执行的收购进行对比。

4. 吉宝数据中心信托采用的融资结构帮助其募集了足够多的资金，使 REITs 的杠杆率在收购后实际上从 31.9% 降至 30.3%（见图 8.3）。这是 REITs 里另一个罕见的成功业绩。如果将它与前面提过的速美商业空间信托的收购活动进行比较，就会发现速美的收购将杠杆率提高到接近 40%，两者的差异更为明显。

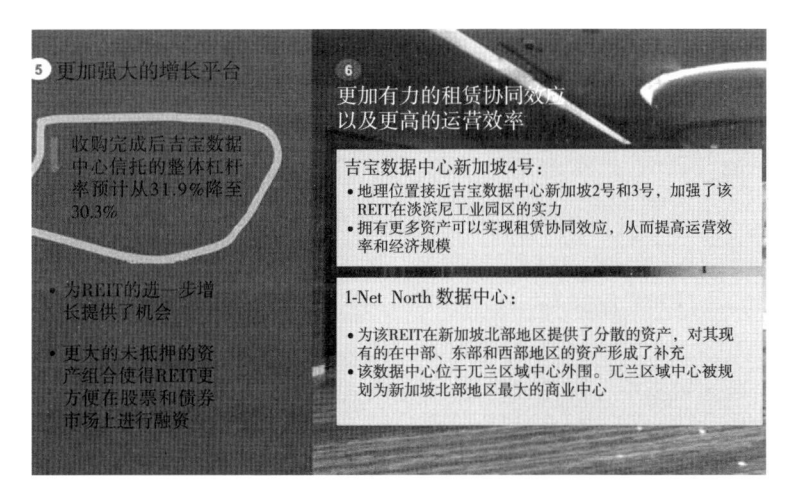

图 8.3　吉宝数据中心信托对吉宝数据中心新加坡 4 号和 1-Net North 数据中心的收购将其杠杆率降至 30.3%

总结

事实上，收购行为将会日渐频繁，以上特征可以帮助投资者判断 REITs 是否会表现良好。归纳总结，判断 REITs 是否进行了成功收购的关键指标为：

1. 为资产支付公平或低于市场的价格。
2. 收购会使得加权平均租赁到期期限更加稳定且更长。
3. 新收购资产的租赁结构。
4. 租户质量。
5. 对提升每股股息的影响。
6. 对提升收益率的影响。
7. 对提升资产净值的影响。
8. 融资结构对少数股东有利,配股价格仅略低于交易量加权平均价格和配股前的交易价格。
9. 融资结构对少数股东有利,少数股东也有权参与配股,并且以相比交易量加权平均价格和配股前的交易价格足够低的折扣参与配股。

吉宝数据中心信托成为 2019 年表现最好的 REIT。其资本利得为 0.73 新元（54.07%）。如果再计入 2019 财年 0.0761 新元的总股息,总回报率会高更多（见表 8.3）。

表 8.3　吉宝数据中心信托是 2019 年表现最好的 REIT

2019 年 12 月 31 日股价（新元）	2018 年 12 月 31 日股价（新元）	价格变化（新元）	涨幅（%）
2.080	1.350	0.730	54.07

与所有 REITs 一样,吉宝数据中心信托的股价在新冠疫情危机来临之际也受到了打击。与其他 REITs 不同的是,吉宝数据中心信托的

价格随后恢复得非常快，甚至在短短 5 周内就超越了疫情前的价格，这也是优质和实力强大的 REITs 的标志之一（见表 8.4）。

表 8.4 吉宝数据中心信托自 2014 年 12 月 12 日 IPO 以来的总收益和年化收益

IPO 日期	IPO 价格	加总每股股息（新元）	2020 年 6 月 30 日价格（新元）	涨幅（%）
2014 年 12 月 12 日	0.930 新元	0.373	2.550	174.19
总收益（新元）	总收益率（%）	年化收益（%）		
1.9933	214.33	23.15		

截至 2020 年 6 月底，吉宝数据中心信托收于 2.55 新元。一个精明的 REITs 投资者，在 2014 年 12 月 12 日以 0.93 新元的价格投资吉宝，将获得 1.62 新元的巨大资本利得，或者说 174.19% 的回报率。如果再计入收到的所有股息，总回报为 1.9933 新元（214.33%）。就复合年均增长率而言，该 REIT 实现了惊人的 23.15% 的年化增长！这意味着投资者在吉宝数据中心信托的投资每 3.5 年就翻一倍，充分说明了在 REITs 上赚大钱所言非虚。

——————— 经 验 📖 教 训 ———————

在资产收购后表现良好的 REITs 通常不会以过高的折扣进行增发，以保证交易融资的成功。经验和证据表明，增发时给现有股东带来最小稀释的 REITs，甚至可以在收购成功后降低杠杆率，这是很难做到的成功业绩，而此后的股价表现也将证明市场会很赞赏此类交易。

展望未来的 REITs 收购

展望未来，REITs 表现优异的关键在于外延增长，尤其是通过资产收购。投资者会特别关注那些能够通过收购提升每股股息和收益率的 REITs。

在未来的收购中表现优异的新加坡 REITs 将具备以下特征：

1. 拥有大量收购项目备选库。
2. 拥有强大发起人，特别是其资产注入的价格对发起人和 REITs 股东来说都是双赢的。
3. 具有强大的资产增值空间和资产回收潜力。

投资者需要寻找那些既能提升每股股息又能提升收益率的收购。聪明的 REITs 投资者应该时刻警惕那些号称能通过收购来提升收益率的 REITs，事实上在考虑到时机和资本市场条件之后，这些收购未必能提升每股股息。那些 REITs 管理人总是为自己辩解，说"资本市场条件已经改变"，所以收购没有带来更高的每股股息或收益率，但这仅仅是借口，投资者需要认清事实：专业的 REITs 管理团队应该充分运用专业知识和远见来判断关键的市场操作时机，防止对股东权益造成严重的稀释。

―――― 经 验 📄 教 训 ――――

如果REITs投资者希望挑选到正确的REITs，为投资者带来高额利润，优化长期资本配置策略就至关重要。明智的REITs投资者应始终要求REITs管理人明确其收购决策和决策流程。即使是在细枝末节上，REITs管理人也应该让投资者参与企业决策，因为他们对投资者负有受托责任。

MAKING YOUR MILLIONS in REITs

第九章

我是怎样通过投资 REITs 实现财务自由的

在星狮地产信托最新的2019年年报中,我被列为其第十六大股东。事实上,自2006年IPO以来,我一直是星狮地产信托的前二十大股东之一,2007年的首份年报就证明了这一点。因此,2020年是我作为星狮地产信托股东的第14年,也确实是赚了不少钱的一年(见表9.1)。

表9.1 在星狮地产信托不同年份的年报中我的股东排名

年份	股东排名	持股数
2007	16	800 000
2014	18	1 585 000
2015	18	1 500 000
2016	16	1 700 000
2017	16	1 740 000
2018	15	2 120 000
2019	16	2 120 000

我将用这一章来研究和分享如何根据市场形势，挑选一只REIT并用合适的价格重仓持有，我会举例说明我多年来是如何在星狮地产信托上建仓的。我的投资理念之一就是要有耐心，耐心是REITs投资的重要因素，投资者应该等到所有的情况都合适再在REITs中投入重资。坐等合适的时机听起来可能很容易，做起来却很难，这是我的经验之谈。坐等时机进行巨额投资需要一种不同的心理学，这也是我这几十年来一直在传授给别人的东西。

市场会提供价值机会，但投资者需要知道什么时候才能抓住它

当2008年全球金融危机爆发时，星狮地产信托的股价曾暴跌至0.47新元。其股价从1.20新元到1.30新元的区间暴跌至0.50新元以下，直到2008年年底，随着危机缓和，股价才稳定在0.60新元左右。然而，该REIT的基本面走势却与其股价大相径庭。

尽管这是困难的一年，可能是过去20年来零售业最艰难的一年，但星狮地产信托在2008财年仍获得净物业收入5 660万新元，实现9.4%的增长，每股股息也增长11.3%至0.0729新元。更重要的是，该REIT平稳度过了金融危机，其主要商场长堤坊（Causeway Point）的净物业收入从3 720万新元增长到3 960万新元。只有北角（Northpoint）出现了轻微的净物业收入的下降，从1 470万新元降到1 350万新元，因为它正在进行一个3 900万新元的资产翻新计划，与它的新项

目北角 2 进行整合，以创建一个无缝连接的 232 000 平方英尺的商场。星狮地产信托的资产净值从 1.16 新元增长到 1.23 新元，而其杠杆率从 29% 降至 28%。你可能会注意到，星狮地产信托几乎能够达到我们在第四章和第五章中强调的所有绩效和估值指标。而且值得重点关注的是，星狮地产信托在经历全球金融危机时犹有余力继续推动每股股息的正增长（见表 9.2）。

表 9.2　星狮地产信托在经历全球金融危机时仍继续推动每股股息的正增长

年份	2007	2008	2009	2010
每股股息（分）	6.55	7.29	7.51	8.20

因此，当其股价跌至 0.47 新元时，我毫不犹豫地增持了星狮地产信托。全球金融危机带来的这个资产升值机会非常难得，如果不能抓住就太浪费了。危机期间通常会出现绝佳的购买时机，特别是如果 REITs 的基本面在危机期间继续向好，机会就更难得了，星狮地产信托就是这样的实例。

—————— 经 验 📋 教 训 ——————

REITs 的真面目，就像一个人一样，无论好坏在危机期间看得最清楚。良好的 REITs 在危机期间仍然可以提高其运营效率，并保持稳定的基本面。聪明的投资者应该将危机管理纳入自己的投资流程，因为危机时期是以低廉的价格购买优质 REITs 的最佳时期。

星狮地产信托的股价在全球金融危机后上演了一波强劲的反弹。2009年，其股价全线上涨，收于1.40新元。到2013年4月已经突破2.20新元，我开始获利了结，因为我在2008年年底时买入的价格低于0.60新元。星狮地产信托的股价在2013年5月3日继续上涨至2.34新元。每百万股利润为（2.20 – 0.60）×1 000 000 = 1 600 000新元！持有期仅为4.5年，收益相当不错。

我获利的前提不仅是因为星狮地产信托的股票价格暴涨267%（如果计入季度股息，我的总回报率超过300%），而且参考了我们在第五章中详细分享的一些估值基准。随着其股价突破2.20新元，星狮地产信托的许多基于收益的估值指标都创下了历史新高。此外，在上一财年（2012财年）每股股息增长的表现非常好，从2011财年的0.0832新元增长到2012财年的0.1001新元，增长了20.31%。这是星狮地产信托自2006年上市以来最强劲的每股股息年增长率。2011年收购的勿洛坊（Bedok Point）全年的贡献推动了该数据的增长。

当时我认为这种惊人的增长比较反常，不太可能持续，因此决定获利了结。随后，我的决定被证明是正确的，因为星狮地产信托的每股股息增长率从未接近20%。事实上，从2014财年到2019财年的6年中，其最高一年每股股息增长率也从未超过4%，增长乏善可陈，2019财年的增长率最低，只有0.42%，而最高的2015财年也只有3.75%（见表9.3）。

表9.3　星狮地产信托2011—2019年的每股股息及增长率

年份	2011	2012	2013	2014	2015	2016	2017	2018	2019
每股股息（分）	8.32	10.01	10.93	11.19	11.61	11.76	11.90	12.02	12.07
每股股息增长率（%）		20.31	9.19	2.38	3.75	1.29	1.19	1.01	0.42

快速上涨的东西也会快速下跌。市场的特点就是暴涨暴跌，就像过山车一样。这也是我们过去10年来一直教导的信条之一。聪明的REITs投资者应该能够认识到这些条件，并在价格转向之前采取行动。

星狮地产信托随后在2014年1月跌至1.70新元以下。投资者能够以1.65新元左右的价格持续买入一个月，这让我有机会买回几个月前卖出的所有股票，甚至额外加仓。

2014年，我以158.5万股的总持股量成为星狮地产信托排名第18位的股东。以2014年年底1.895新元的收盘价计算，我的持股价值超过300万新元。

REITs的好坏和其拥有的资产一样

在详细阅读了第四章之后，就不难理解为什么星狮地产信托的股价能够从全球金融危机稳步攀升到2014年，因为它展示了我们在介绍优质REITs时强调的几乎所有相同的特质。一只REIT的好坏和它拥有的资产一样。

在运营方面，星狮地产信托能够实现稳定且持续的净物业收入的增长，从 2010 财年的 8 005 万新元增长到 2014 财年的 1.181 亿新元，其资产与 IPO 时相差无几，只是增加了樟宜坊（见图 9.1）。这转化为每股股息从 2010 财年的 0.082 新元增长到 2014 财年的 0.1119 新元。更重要的是，在截至 2014 财年的 5 年间，它的净物业收入增长了 47.53%，而同期每股股息增长为 36.46%，这体现了同店销售额的健康增长。百汇生命产业信托也同样展现了这种同店销售额增长，正如第四章中所强调的那样。

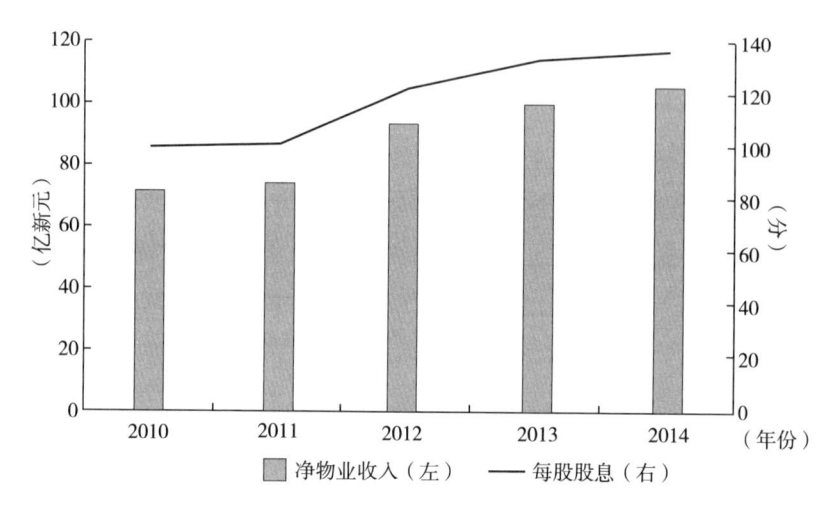

图 9.1 星狮地产信托净物业收入和每股股息的增长情况

我总是对增加收入和净物业收入但是不增加每股股息的 REITs 保持警惕。REITs 必须认识到，股东总回报的两个组成部分是每股股息的上涨和 REITs 价格的上涨。同时，前者对后者来说是一个关键因素。这是一个非常简单的标准，但投资者会发现表现不好的 REITs 通常做不到这一点。因此，这些年来，这已成为我们传授的衡量 REITs 是否优质的最重要的标准。

在我们根据第四章中提供的清单进行评分时，星狮地产信托在许多方面再次胜出。星狮地产信托的资产负债表指标在其基础资产增至25.2亿新元的同时实际上有所改善，杠杆比率也有所降低，从2010财年的30.2%减少到2014财年的29.3%。其利息覆盖率也从4.43提高到6.20。正如第四章分析REITs获取优异表现中所强调的，利息覆盖率直接受到资产收租能力和为资产融资而支付的利息支出的影响。这个衡量标准非常实用，当与杠杆比率一起使用时，它帮助我分析出星狮地产信托拥有强劲的财务状况。其同期账面价值或资产净值从1.29新元缓慢而稳定地上升至1.85新元也进一步支持了这一结论。

我认为星狮地产信托是几十年来的最佳例子，它充分说明REITs的好坏和它们所拥有的资产一样。如果一项资产从一开始就确定是好资产，随着时间的推移它的很多关键指标仍然可以提升，包括收入、净物业收入和每股股息。REITs投资者不应期望REITs管理人能够在管理上施展任何魔法，因为REITs的价值取决于其稳定资产的现金流。除了应该履行的其他职责，REITs管理人只需要确保这种情况发生就算称职。

2015年8月，道琼斯指数空前地下跌了1000点，为2011年连续5天下跌以来最大跌幅。与此同时，美元兑欧元、英镑和日元等世界主要货币的汇率开始下行，因为市场猜测全球市场动荡可能会推迟美国加息。

这导致了10年内第3次REITs市场调整（前两次是在2011年6月和2013年5月）。FTSE REITs指数下跌了15.83%，星狮地产信托的股价在年底相当疲弱,收于1.845新元。我一直希望有机会进一步增持,这次终于抓住了。2016年,我因持有170万股被星狮地产信托的2016财年年报列为第十六大股东。

---- 经 验 📖 教 训 ----

REITs的股价落入低谷的时候往往是买入的最佳时机,但聪明的投资者应该足够了解REITs的资产质量,以判别目前的市场价格是否低估了其优质资产的价值。有洞察力的投资者应该注意到,市场调整是捡便宜的最佳时机,也是投资REITs的重要环节。

REITs的价值 = 持有的资产价值 +/- 发起人的价值

2019年我以212万股的持仓量成为星狮地产信托的第十五大股东。从业绩来看,净物业收入从2014财年的1.181亿新元增长到2019财年的1.393亿新元。同期,其每股股息从0.1119新元增长到0.1207新元。尽管每股股息的增长并不令人振奋,但仍保持了同比正增长。从表面上看,2014财年至2019财年的5年净物业收入增长6.33%,与2010财年至2014财年这4年的增长率47.52%相比显得温和得多,然而,如果考虑到从2014年四季度至2018年市场有超过520万平方英尺的巨大的新增零售供给,占2014年三季度全岛库存的11%(接近新加坡零售历史上的最高水平),星狮地产信托能够在这种环境里运营并保持增长的确值得称赞。它体现了我们在课堂上阐述的关键教训之一，那就是尽管速度放缓，优质 REITs 即使在行业遭遇困境时仍然可以保持它们的每股股息增长。

当然，并非所有的星狮商场在面对创纪录的供应冲击时都有弹性。勿洛坊和安克坊在 2018 财年都遭遇了租金和入住率的下滑。虽然长堤坊和耀泰坊（Yew Tee Point）都保持了租金上涨，但入住率在 2018 财年也都有所下滑。

虽然面临不利因素，但星狮地产信托的资产负债表指标实际上有所改善，其基础资产从 2014 财年的 25.2 亿新元增长到 2018 财年的 28.4 亿新元。尽管收购樟宜坊花费了大量资金，但其杠杆比率仍从 29.3% 减少到 28.6%，其利息覆盖率从 6.20 提高到 6.25，其资产净值从 1.85 新元增加到 2.08 新元。

正如第五章中所强调的，REITs 本质上是重资产行业，当投资者想知道该为一只 REIT 的基础资产付多少钱时，账面价值或资产净值会是一个很好的参考指标。

价格/账面价值或价格/资产净值是在评估 REITs 管理人在股东资本分配方面是否谨慎的一个很好的衡量标准。资产净值或账面价值可以衡量 REITs 物业的当前市值，如果 REITs 管理人收购得当，标的资产估值应稳步上升，并体现在资产净值或账面价值中。股票交易价格高于账面价值的 REITs 具有明显的竞争优势，因为它们可以继续购买或开发物业以扩大其投资组合。这一点对于星狮地产信托来说是显而易见的，因为它度过了新加坡零售史上最艰难的时期之一。

到 2019 财年，我被列为星狮地产信托的第十六大股东，尽管我没有再购买任何股票，因为星狮地产信托的股价在 2019 年年底从 2.17 新元飙升至 2.81 新元。星狮地产信托在 2019 年表现最好的十只 REITs 中排名第八（见表 9.4）。

表9.4　星狮地产信托在 2019 年表现最好的十只 REITs 中排名第八

2019 年表现最好的十只 REITs	2019 年 12 月 31 日股价（新元）	2018 年 12 月 31 日股价（新元）	价格变化（新元）	涨幅（%）
吉宝数据中心信托	2.080	1.350	0.730	54.07
丰树商业信托	2.390	1.650	0.740	44.85
腾飞印度信托	1.550	1.080	0.470	43.52
丰树物流信托	1.740	1.260	0.480	38.10
砂之船房地产投资信托	0.885	0.650	0.235	36.15
丰树工业信托	2.600	1.910	0.690	36.13
宏利美国房地产投资信托	1.000	0.770	0.230	29.87
星狮地产信托	2.810	2.170	0.640	29.49
吉宝太恒美国房地产信托	0.780	0.610	0.170	27.87
百汇生命产业信托	3.320	2.630	0.690	26.24

星狮地产信托的表现证明了我们在 REITs 方面所传播的内容是正确的，那就是：

REITs 的价值 = 持有的资产价值 +／- 发起人的价值

对于任何 REITs 投资者来说，对每股股息和每股股息增长率两者进行综合分析可能是最有效的。REITs 有能力不断增长其每股股息对于为股东创造良好的长期回报而言至关重要。星狮地产信托已经清楚地表明，REITs 没有必要只是为股东增长净物业收入和每股股息而进行大量收购。事实上，投资者更希望 REITs 的管理层保守一些，能够始终如一地为其强大的资产组合增加价值，并实现稳定且更高的净物业收益率。

考察 REITs 的每股信息比仅仅考察 REITs 的整体表现更有用，因为它考虑了在研究期间可能发生的任何稀释行为。此外，管理层可以将业绩不佳归结于任何原因，但对于聪明的 REITs 投资者来说，每股股息的多少和每股股息的增长率才是衡量 REITs 绩效的最终标准。

———— 经 验 教 训 ————

即使不进行主动收购，只要能增长净物业收入和每股股息，市场也会为 REITs 支付溢价。有实力的发起人如果以有利于少数股东的融资结构进行收购会得到额外加分。在那些表现优异的 REITs 中，其他常见因素还包括管理人通过严格和谨慎的物业管理使得物业不断增值，并通过聪明的资产增值计划实现良好的净物业收益率。

评估管理能力——坚持做定性研究的艺术

在 GCP 环球，我们仍然以老式的方式管理资金和投资——虽然我们也使用人工智能程序来筛出一些指标前后矛盾的 REITs，并用大数据来确保我们对 REITs 的所有事务都有全面综合的看法,但我们也在努力每季度与 REITs 首席执行官和/或投资者关系主管会面,并在午餐或喝咖啡时了解其所有运营的最新事项。

有能力提出高质量的好问题时,通常也会得到高质量的答案。这种方式也是提高管理能力的最佳方式,教科书中曾提到过,但在现实生活中几乎没有人教过。

关于星狮地产信托,衡量管理能力的另一个良好指标是,其每股资产净值从 2010 年的 1.27 新元增长到 2014 年的 1.85 新元,然后在 2019 年达到 2.21 新元。在这一点上星狮地产信托做得相当成功,因为它一路都在处理勿洛坊的一些问题。对于投资者而言,资产净值的提升是非常重要的业绩指标,因为它反映了管理层是否以低价购买了资产,或者管理层是否敏锐,在出售中为该资产争取到了好的价格。

值得注意的是,星狮地产信托的账面价值或资产净值的逐步和持续的改进是从几乎相同的一组资产获得的,即其 6 个零售物业。这反映在其资产评估值的逐步改善上,从 2000 财年的 14.4 亿新元增长到 2019 财年的 28.5 亿新元。这种稳步增长标志着其资本化率逐步而持续地收紧。正如第五章中关于资本化率的阐述,有吸引力的 REITs 能够从其拥有的优质资产中获取良好现金流。因此,资本化率基本上反映出了物业在收益率方面的吸引力。资本化率反映了该物业的性质、位置和租赁状况及当前的市场投资标准。REITs 投资者不应指望 REITs 管理人能够在管理上施展魔法,而是应该就以这样的方式进行管理,却使所持有的资产中蕴含的魔力得以发挥。

―――― 经 验 📄 教 训 ――――

资产净值的持续稳步增长对投资者而言是非常重要的业绩指标，因为它反映了管理层是否以低价购买了资产，或者管理层是否非常敏锐，在出售中为该资产争取到了好的价格。而逐步提升的资产评估值和逐步收紧的物业资本化率也能反映这一点。

REITs的成功收购——股价表现优异的核心

REITs进行物业收购或有潜在的收购备选库可能会推高其股价。我们一直强调，REITs进行的良好收购可以成为股价表现优异的关键，特别是新收购具有大幅提升每股股息的作用时，正如我们在前几章中展示的吉宝数据中心信托的详细案例。

星狮地产信托在过去5年停止了收购，而后2019年7月以4.33亿新元收购了榜鹅（Punggol）的水滨坊（Waterway Point）1/3的产权。水滨坊是一个四层的位于郊区的生活购物中心，净出租面积为371 200平方英尺。星狮地产信托随后将其持股比例提高到40%。但更令人兴奋的是，星狮地产信托还涉足了PGIM亚洲零售地产基金，该基金拥有其他郊区的零售资产，如世纪广场、淡滨尼一号（Tampines One）、白沙、中巴鲁广场（Tiong Bahru Plaza）和后港购物中心。PGIM房地产负责PGIM的房地产业务，是纽约证交所上市的保诚金融公司的全球投资管理部门。

这两次收购都大幅推高了星狮地产信托的股价,使其在 2020 年年初超过了 3 新元的价格水平,这一价格促使我出售了大部分股份(见图 9.2)。正如第五章中所阐述的,我使用定性和定量因素来决定何时出售,后者主要包括第四章和第五章及以下的描述。

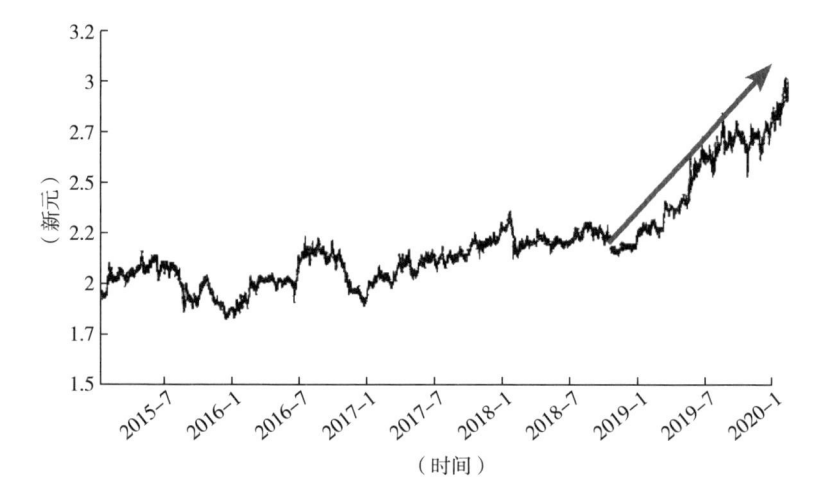

图 9.2 卖出星狮地产信托的最佳时机是股价在短短 13 个月里上涨 38.25% 之后
资料来源:ShareInvestor。

什么时候卖出 REITs?

从定性分析上讲,在持有 6 年后,促使我在 2020 年年初将星狮地产信托的很大一部分在 3 新元以上卖出(类似于我在 2013 年 4 月和 5 月所做的那样)的原因如下所述。

股价在短期内上涨过快

星狮地产信托的股价在 2018 年年末为 2.17 新元。当价格在 2020 年 2 月突破 3 新元时,我收获了可观的收益。例如,每持有 100 万股星狮地产信托股票,我的净资产就增加了(3 - 1.70)× 1 000 000 新元 = 1 300 000 新元。从星狮地产信托自 2006 年 IPO 以来的交易历史看,这样的涨幅是从未有过的。不仅如此,这波上涨还是在不到 13 个月的短期内完成的。

与 2013 年一样,促使我获利了结的原因不仅仅是因为股价大幅上涨 76%(如果计入季度股息,我的总回报率超过 100%),而且还因为我们在第四章和第五章中详细分享的一些基本估值基准。星狮地产信托的许多基于收益的估值指标都创下了历史新高,而正如第六章中所强调的,各种风险也随着股价突破 3.00 新元创下新高而有所上升。

相比之下,吉宝数据中心信托在 2019 年股价增长了 54.07%,这已经是过去 10 年中任何优秀 REITs 的最大上涨幅度!

如果股价涨幅过大,即便基本面还保持强劲,也应该获利了结

第五章中的表 5.1 展示了截至 2019 年年底的过去 6 年中表现最好的五大 REITs 的重要数据。丰树商业信托表现最佳,在 6 年内获得了 100.84% 的回报,或每年 16.81% 的简单平均回报;凯德商务信托在 6 年内实现了 37.24% 的回报。因此星狮地产信托在短短 13 个月内大幅飙升 38.25%(当它突破 3 新元时),表明尽管其基本面依然强劲,但

股价已经过高。

新冠疫情对星狮地产信托造成了严重的打击，其股价下跌至1.64新元的低点，与我在2020年2月3新元以上卖出时相比跌幅超过42%（见图9.3）。就像我以前说过的，这又是一个买回星狮地产信托的绝佳机会。我们在新冠疫情大跌的困难期间的口号就是："这是创富的时机。"

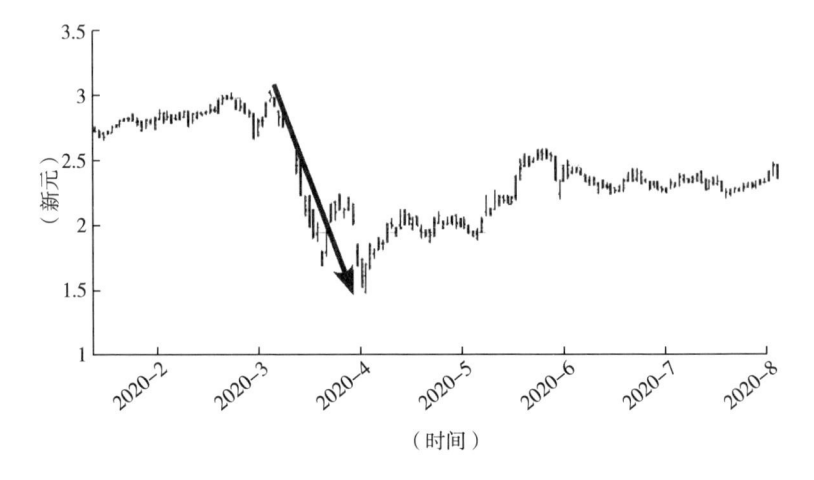

图9.3 2020年星狮地产信托的股价暴跌

资料来源：ShareInvestor。

锁定REITs中的三位数回报是一个需要耐心和技巧的过程，除了要了解REITs的基本面和估值是如何演变的，还考验投资者的心智和决心。这是可以做到的，正如我在星狮地产信托上所做到的，不是一次，而是两次，尽管将来机会可能会更难得。

这次获利了结不仅让我赚到数百万新元的盈利，而且时机非常好。在后续不到一个月的时间里，新冠疫情使得星狮地产信托的股价在2020年4月3日跌至1.64新元，比我卖出的价格下跌了42%以上。不用说，这又是一个买回星狮地产信托的绝佳机会，我买回很多星狮地产信托的股票。我们与 GCP 环球的投资者学生实时分享了这段令人振奋的经历，事实证明，我们在整个危机中的口号——"这是创富的时机"，成为一个准确的预测。

不要爱上 REITs

REITs 投资者经常会爱上 REITs。

作为过来人，我们一直建议年轻人在结婚前要爱上他们的女朋友或男朋友。结婚后，还要学会一次又一次地爱上自己的配偶，享受永恒的幸福，就像他们约会的时候一样。爱确实可以是甜蜜的，然而，当涉及 REITs 时，永远不要遵循这个规则。

REITs 的好坏由其资产的收入现金流决定。作为投资者，我们应始终进行检查和反复核查，以确保 REITs 能够随着时间的推移在同一资产组合上实现收入、净物业收入和每股股息等关键指标的增长。如果 REITs 进行收购，则同样要用这些指标来考察整个收购流程，如第八章中所描述的那样。REITs 投资者不应期望 REITs 管理人能够在管理上施展任何魔法，因为 REITs 的价值取决于其稳定资产的收入现金流。因此，如果股价相对于其历史表现在短时间内上涨过快，请准备获利了结，拿走高额利润。当价格回调时总会有机会再次回购相同 REITs 的股票。

相比"买入"的决定，任何投资过程中的"卖出"决定的重要性总是被低估，但它可能对盈利来说更为重要。

MAKING YOUR MILLIONS
in REITs

第十章
新冠疫情过后 REITs 的潜力

潜力巨大。

REITs在动态维度下运营并快速演变,这一过程中受到流行病、颠覆性技术、不断完善的立法、不断演变的公司治理和全球化等诸多因素的影响,世界也因其发展的影响而改变。

REITs的影响力正在全球加速发展。截至2020年6月30日,REITs市场已超过38个,市值超过2.5万亿新元,远超2010年的1.1万亿新元。值得注意的是,过去9年全球REITs市场的市值增长大部分来自非美国REITs。在这其中,澳大利亚、日本和新加坡是增长较快的REITs市场。

过去10年来,亚洲REITs IPO增长强劲,截至2019年年底,REITs总数从50家增至796家,除日本以外的标普亚太指数的市值增长超过72%。

虽然REITs迄今主要是在发达国家开辟市场,但过去10年肯定是一个转折点,增量和快速增长更多地来自新兴市场,特别是亚洲。在亚洲内部,新加坡、印度和中国 REITs 的潜力看起来最大。

正如前面所阐述的,不同 REITs 制度的相对成熟度可能会影响 REITs 的运营和 REITs 在特定地区开展活动的方式。例如,相比新兴的 REITs 市场,比如保加利亚、巴西或巴林等,融资的利差更小,速度更快。

在亚洲存在不同的 REITs 制度,在最大杠杆率、税收、预扣税和绿地开发量等方面的各种规章制度都不一样。它们确实存在许多相通的地方,也正是如此才广泛地引起了新的地区对 REITs 的兴趣,它们希望利用 REITs 的概念来实现资产变现并深化房地产行业的改革。这种增长背后的驱动力是为了赢得资本市场。

印度

根据 2014 年印度证券交易委员会的 REITs 条例,印度 REITs 已在印度证券交易委员会进行了注册。印度政府允许外国人对 REITs 进行投资,并修订税法,使之更加合理,为 2019 年使馆办公园区信托(Embassy Office Parks REIT)首次上市铺平了道路。此次 IPO 是包括在新加坡上市的腾飞印度信托在内的数家外国 REITs,对印度资产进行 10 年投资之后才进行的。另外,印度证券交易委员会还授权了基础设施投资信托的框架,以便于投资高速公路、仓库、机场和道路等产生收入的基础设施资产的上市。

从印度的经验中可以得出的一个教训是，虽然REITs条例于2014年9月就开始实施，但由于该法规中的规定并未提供税收优惠，因此税收规定不足以吸引市场推出REITs或基础设施信托。这是中国这个潜在的巨大REITs市场和菲律宾都遇到了的普遍问题。

按照这个规定，发起人和发起人集团必须在IPO后至少3年内共同持有25%以上的印度REITs股份。此后，有一个逐步减持期，但发起人和发起人集团仍需要拥有至少15%的已发行REITs股份。

由黑石集团支持的使馆办公园区信托，在印度拥有并经营着3 300万平方英尺的甲级办公园区和四座城市中心办公大楼，位于班加罗尔、孟买、浦那和新德里等地，都是表现最强劲的写字楼市场。实际上，它在2019年上市时是当时亚洲楼面面积最大的写字楼REIT。

它IPO的时机非常好，主要受到由信息技术和国际外包等行业所推动的强劲的国内经济增长的影响，印度当时对写字楼的需求非常旺盛。对IPO的强烈需求主要来自房地产基金、养老基金和主权财富基金等。

使馆办公园区REIT的IPO价格为300卢比，IPO募集了475亿卢比（6.9081亿美元）。截至2020年1月底，股价已飙升46%，至486卢比。但是新冠疫情导致股份的重大调整，到2020年6月30日其股价收于343卢比。

疫情印证了印度房地产市场对资本的迫切需求，截至2019年年底，印度房地产市场的价值接近1 900亿美元。

印度银行已达到对房地产部门的放贷限额。实际上，过去几年中，大多数房地产交易都有开发商、私募股权基金、养老金基金和主权财富基金的深度参与。

菲律宾

菲律宾是一个基本面非常强劲的市场，尽管它自 2010 年 2 月 9 日（10 年前）开始制定 REITs 法规，但由于限定公众股东占比不低于 67% 的规定非常严苛，至今也没有 REITs 上市。开发商将资产转移到 REITs 需要缴纳 12% 的增值税，因而完全没有吸引力。

目前，在菲律宾转让资产所需缴纳的增值税已被削减至 0，并已建议将最低公众股东占比减少至 33%，以使其对 REITs 发起人适用。前提是发起人转让资产获得的收益须在一年内重新投资到菲律宾市场。另外的要求包括，REITs 董事会成员的 1/3 或至少两个（以较高者为准）必须是独立董事。

菲律宾是经济增长最快的国家之一，也是人口平均年龄较低的国家之一，并且拥有一些亚洲主要开发商，如阿亚拉置地（Ayala Land）、Megaworld、Filinvest Land 和 SM Prime，前景广阔。

2020 年 4 月 24 日，阿亚拉置地宣布将推出 5 亿美元的 REIT，即 AREIT，以马尼拉马卡蒂的三处办公资产作为种子。预计它将募集高达 13.6 亿比索的资金，用于未来的房地产投资。菲律宾证券交易所随后确认了 AREIT 于 2020 年 7 月 18 日上市。该上市申请是在第 9856 号共和国法案也被称为 2009 年《房地产投资信托法》的修订实施细则发布后提交的。

中国香港

根据《房地产投资信托基金守则》，香港REITs是由中国香港证券及期货事务监察委员会授权的证券。截至2019年年底，共有10只REITs，总市值约为600亿新元。这10只REITs中有6只主要在香港持有物业，而其他4只REITs主要在中国内地持有资产。

香港REITs的首个上市项目是领展房地产投资信托（Link REIT，简称领展房托），该房托于2005年从香港房屋委员会分离出来，作为一个独立的公司持有其郊区购物中心和停车场。

当领展房托在2005年11月以10.30港元的价格IPO时，我们曾强烈推荐投资者买入。领展房托是当时稀有的具有规模和优质资产的REITs之一，但在IPO时没有得到投资者的追捧。

领展房托的许多资产位于地铁沿线或地铁站附近，位置非常理想。而且大多数购物中心都是针对周围人群的日常购物需求，而不是游客的可选消费，这使得此类资产的收益和现金流稳如泰山。

另一个加分因素是，以前政府持有这些物业时，资产几乎没有任何投资和升级，这导致了物业租金低于市场水平，为投资者提供了巨大的机会。

新成立的领展房托的新管理人要做的就是按照逻辑进一步实施资产增值计划，为购物中心增添趣味性，之后便能够增加租金。在实施资产增值计划之后，租金飙升了20%~30%。

毫无悬念，从2005年11月的IPO发行价10.30港元起，领展房托的股价在2019年年底升至80港元，在计算了每年两次收到的股息之后，这些年来的总回报率超过800%（见图10.1）。

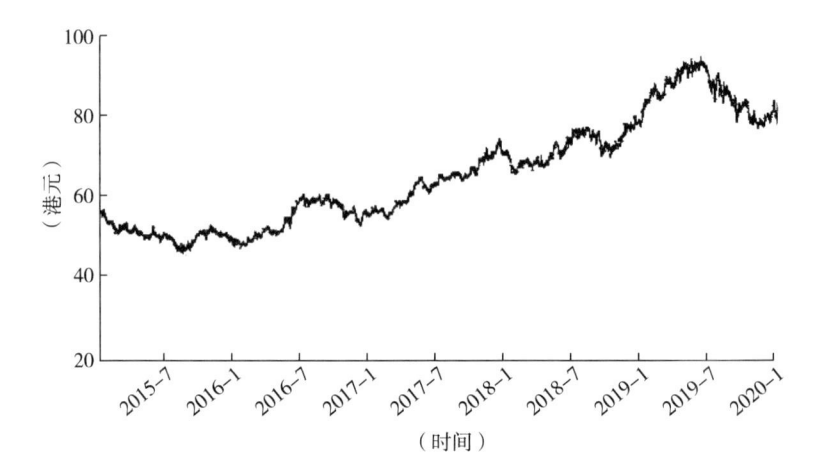

图10.1　领展房托的股价涨至2019年年底的80港元
资料来源：ShareInvestor。

中国内地

暂时的困难

中国内地于2014年开始开发自己的类REITs市场。尽管如此，由于相关法律和税收安排仍在推敲中，类REITs在传统意义上不是真正的REITs。中国房地产投资信托的发展面临法律制度固有的障碍。这种僵局的核心是中国法律内"信托"和"基金"一词的具体法律定义。REITs 不一定必须采用信托或基金形式，相反，可以通过合同基金、集体信托或公司等方式采用多种法律手段。

因此，目前中国内地相关的法律制度尚不十分明确，没有系统的规定。例如，《证券投资基金法》是目前唯一管理基金的法律但没有定义基金的构成，这意味着 REITs 很难拥有财产的法定所有权，因为它们不被视为法人实体。另一个问题是，当前的税收制度对 REITs 所持物业收入征收所得税，有时甚至双重征税，这会严重影响其股息收益率。

此外，开发商或房地产公司除了要缴纳企业所得税外，还面临无数的交易成本，如印花税、增值税、土地增值税。REITs 作为投资工具，持有的资产也要缴纳财产税、增值税和企业所得税。

因此，一个普遍的问题是税收制度不完善，这导致在确定实际税额与实际收入之间存在很大的困难。REITs 结构的操作与各种交易过程有关。尽管 REITs 可以减少基金层面的所得税，但 REITs 拥有的多个资产通常由信托成立的公司持有，这意味着它们要缴纳公司所得税。此外，在 REITs 重组过程中，房地产交易可能产生交易税。虽然 REITs 结构原本应该因税收优惠而蓬勃发展，但是根据现行法律，它们所需要缴纳的税款将抵消建立 REITs 结构的积极作用。

因此，为了让 REITs 立足，需要对当前僵局的核心问题，即当前的税收征管制度进行改革和创新。

类 REITs

2018 年，中国内地发行了 14 只类 REITs，总估值 266 亿元人民币。

大多数类 REITs 都是由零售和办公物业担保的，这些物业主要位于一线和二线城市，它们是中国内地所拥有的最接近美国和欧洲等发达国家及在日本、中国香港和新加坡等亚洲地区发行的 REITs 物业类型。尽管如此，类 REITs 更像资产支持证券或类债务结构，而不是为股东提供统一所有权的股票证券。大多数类 REITs 是私募发行的，仅有的公开交易的类 REITs 是中国万科和鹏华基金于 2015 年首次推出并管理的 REIT。

新加坡

超过 80% 的新加坡 REITs 投资集中于海外资产，首先是在亚太地区，在过去两年中则越来越多地在欧洲和美国，这反映了新加坡的国际视野和领先的财富管理中心地位。

由于新加坡可投资的本地物业资产有限，很自然地，自 2011 年以来 IPO 的大多数新加坡 REITs 主要资产来自海外，甚至当地 REITs 也越来越多地通过收购来寻求海外增长。

但是，通过海外收购实现的增长，并不能自动等同于 REITs 持有人持有 REITs 股价的上涨。由于信息有限，投资者缺乏独立的信息来源对租金、入住率和房客的真实性等相关趋势和事实进行验证，因此投资者应该对海外收购进行更严格的分析。

如前文所讲，在过去 10 年中上市的 22 只 REITs 中，只有 5 只（不包括那些被私有化或合并的 REITs）股价高于其 IPO 价格。令人高兴的是，这5位获胜者的股价上涨有些确实特别显著，如丰树商业信托上涨了119.32%，吉宝数据中心信托上涨了174.19%。糟糕的是，在17个失败者中，有6只的股价比其各自的IPO价格跌幅超过了40%。而且，拥有100%或接近100%海外资产的所有REITs几乎都遭遇了亏损。

对于REITs买家来说，现状一目了然，要保持领先地位并持续获利，就必须始终评估IPO的风险是否与他们可能实现的预期回报相匹配。明智的REITs投资者应该清楚地知道媒体、IPO追捧者、承销商及投行都是为了私利而炒作，因此需要对其谨慎评估。

具有洞察力的REITs投资者应从一开始就认识到，并非所有的REITs都属于同一篮子。尽管一般而言REITs的表现要优于资本市场，但对于投资者而言，当务之急是为自己的投资组合选择正确的REITs，以获得长期持续稳定的回报。选择错误的REITs可能会对盈利和最终的财富产生巨大的负面影响。

REITs的未来

未来十年，REITs仍然会是具有吸引力的资产类别，其波动性低，股息收益率稳定且高于市场水平，并且提供了在不同地区不同资产类别投资高质量物业的机会。长期的人口增长和城市化趋势将继续为REITs的全球增长提供动力，也为投资者提供了稳定且可持续的增长。

在所有司法管辖区中，REITs都是税法的产物，每个国家的情况各不相同，但存在许多共同点。聪明的 REITs 投资者可以将其从一个市场获得的知识转化并应用在另一个发展中或新兴的 REITs 市场中，以创造和保存财富。深入了解 REITs 的增长方式及推动其增长所需的支持性融资结构，对于通过 REITs 创造和增加财富至关重要。

新冠疫情给 REITs 股价带来波动和打击，特别是那些被市场误判的行业。但是，新冠疫情可能也同时为长期低利率或接近零利率的市场环境带来了曙光。上一次全球金融危机使利率在 2008 年下降到接近于 0，直到 2015 年 12 月，大约 7 年后，美联储才将利率再次提高了 25 个基点。然后下一次增加 25 个基点是在 2016 年 12 月，直到 2018 年才又增加了 75 个基点。在未来 10 年中，这种低利率环境可能会持续数年，这可能会让人联想到全球金融危机后的经历。

这是 REITs 可能继续跑赢股票、债券和其他资产类别的深层次原因。中国正在试图推出中国 REITs，这将增进其房地产市场的健康发展，因为在过去的 30 年里，中国的房地产市场呈指数级增长。而这 30 年繁荣带来的风险是，房地产市场的债务水平上升，导致主权债务水平上升，房地产投资公司、开发商、中央银行和政府将欢迎 REITs 结构作为替代融资渠道。本质上，REITs 可以帮助改善疫情之后的状况，因为它们有助于从房地产中释放被困的资金，以偿还债务并降低总体杠杆比率。

值得注意的是，根据过去的经验，主要的 REITs 市场都是从危机中诞生的，无论是金融危机还是房地产方面的危机，它们通过引入流动性并降低债务融资水平而产生。在储蓄和贷款危机之后，美国 RE-

ITs 市场开始腾飞,带来了 20 世纪 80 年代的税制改革,而在 20 世纪 90 年代后期的亚洲金融危机之后,日本和新加坡 REITs 市场诞生了。

对于 REITs 来说,获得资本仍然是至关重要的优先事项和竞争优势。如第六章中所述,过度依赖资本市场的风险变得更加明显。REITs 必须认识到,只有同时提升收益率和每股股息的收购才能带来 REITs 股价的上涨,也只有 REITs 股价的良好表现才能吸引认真、长期和可靠的投资者。

REITs 在新加坡和中国香港市场的成功特别为新 REITs 上市提供了机会。此外,为了满足更多市场参与者的需求,在 REITs 法规修订和最终确定以后,印度、菲律宾和中国内地等亚洲 REITs 新市场将成为新的吸金石,补充并巩固亚洲作为 REITs 基地的声誉。

总结

综观 REITs 的各种制度,很明显,要成功发展 REITs 市场,需要具备的要素包括:

1. 强有力的政府支持和倡议。
2. 强有力的中央银行支持和立法。
3. 清晰透明的税收结构。
4. 房地产集团成为强大发起人的能力。
5. 发起人拥有合适的组合资产的能力。

6. 以合适的价格为投资者提供合适的组合资产。

7. 强大的公司治理和透明度。

8. 牢固且博学的投资者阶层和资本市场发展水平。

在新冠疫情过后，对投资者、公司、监管机构、中央银行和主权国家来说，REITs 潜力巨大。如果过去是未来的序幕，那么，聪明的 REITs 投资者应该始终保持敏锐和智慧，继续投资 REITs 以积累财富。

附录　新加坡 REITs 列表（共 42 只）

	名称（英文）	简称	名称（中文）	股票代码	上市时间	市值（百万新元）2021 年 7 月 30 日
			写字楼			
1	Elite Commercial REIT	ELIE	精英商业信托	MXNU	2018 年 6 月	597.05
2	IREIT Global	IRET	IREIT 全球信托	UD1U	2014 年 8 月	731.78
3	Keppel REIT	KASA	吉宝亚洲房地产信托	K71U	2006 年 4 月	4 411.68
4	Manulife REIT	MANU	宏利美国房地产投资信托	BTOU	2016 年 5 月	1 636.55
5	OUE Commercial REIT	OUEC	华联商业信托	TSOU	2014 年 1 月	2 365.61
6	Keppel Pacific Oak US REIT	KPEL	吉宝太恒美国房地产信托	CMOU	2017 年 11 月	1 012.59
7	Prime US REIT	PRIE	Prime 美国房地产投资信托	OXMU	2019 年 7 月	1 319.31
8	Ascendas India Trust	AINT	腾飞印度信托	CY6U	2007 年 8 月	1 670.75
	总计					13 745.32

（续表）

名称（英文）	简称	名称（中文）	股票代码	上市时间	市值（百万新元）2021年7月30日
多元化					
9 Suntec REIT	SUNT	新达信托	T82U	2004年12月	4 157.94
10 Lendlease Global REIT	LEND	联实全球信托	JYEU	2019年10月	1 033.37
11 Mapletree Commercial Trust	MACT	丰树商业信托	N2IU	2011年4月	7 171.64
12 Mapletree North Asia Commercial Trust	MAPE	丰树北亚商业信托	RW0U	2013年3月	3 523.74
13 Cromwell European REIT	CROM	克伦威尔欧洲房地产投资信托	CWCU	2017年11月	2 236.61
14 Frasers Logistics & Commercial Trust	FRAE	星狮物流与商业信托	BUOU	2016年6月	5 581.07
15 CapitaLand Integrated Commercial Trust	CMLT	凯德商用信托	C38U	2002年7月	13 923.39
16 CapitaLand China Trust	CLCT	凯德中国信托	AU8U	2006年12月	2 116.51
总计					39 744.27
零售业					
17 BHG retail REIT	BHGR	北京华联商业信托	BMGU	2015年12月	299.36
18 Frasers Centrepoint Trust	FCRT	星狮地产信托	J69U	2006年3月	4 112.23
19 Lippo Malls Indonisia Retail	LMRT	力宝印尼商场信托	D5IU	2007年11月	483.42
20 SPH REIT	SPHR	报业控股房地产信托	SK6U	2013年7月	2 548.43
21 Starhill Global REIT	STHL	升禧环球房地产信托	P40U	2005年9月	1 372.81
22 Sasseur REIT	SASS	砂之船房地产投资信托	CRPU	2018年3月	1 151.51
23 United Hampshire US REIT	UNIE	美国汉普郡联合房地产投资信托	ODBU	2020年3月	485.58
24 Dasin Retail Trust	DASI	大信商用信托	CEDU	2016年1月	388.11
总计					10 841.45

(续表)

名称（英文）	简称	名称（中文）	股票代码	上市时间	市值（百万新元）2021年7月30日
\multicolumn{6}{c}{工业}					
25 AIMS APAC REIT	AIMA	宝泽安保房地产信托	O5RU	2007年4月	1 117.75
26 Ascendas REIT	A17U	腾飞房地产信托	A17U	2002年11月	12 998.09
27 ARA LOGOS Logistics Trust（SG, AU）	ARAL	亚腾乐歌物流信托	K2LU	2017年1月	1 305.16
28 EC World REIT	ECWO	运通网城房地产信托	BWCU	2016年7月	658.35
29 ESR REIT	ESRR	易商红木信托	J91U	2006年7月	1 725.37
30 Mapletree Industrial Trust	MAPI	丰树工业信托	ME8U	2010年10月	7 978.10
31 Mapletree Logistics Trust	MAPL	丰树物流信托	M44U	2005年7月	9 049.96
32 Sabana REIT	SABA	胜宝工业信托	M1GU	2010年11月	458.09
总计					35 290.87
\multicolumn{6}{c}{酒店}					
33 ARA US Hospitality Trust	ARAU	亚腾美国酒店信托	XZL	2019年5月	417.47
34 Ascott Residence Trust	ASCO	雅诗阁公寓信托	A68U	2006年3月	3 210.65
35 CDL Hospitality Trust	CDLT	城市酒店信托	J85	2006年7月	1 485.38
36 Eagle Hospitality Trust	EAGL	美鹰酒店信托	LIW	2019年5月	161.77
37 Far East Hospitality Trust	FAEH	远东酒店信托	Q5T	2012年8月	1 143.88
38 Frasers Hospitality Trust	FRHO	辉盛国际信托	ACV	2014年7月	991.93
总计					7 411.08

附录　新加坡REITs列表

(续表)

名称（英文）	简称	名称（中文）	股票代码	上市时间	市值（百万新元）2021年7月30日
医疗健康					
39 First REIT	FRET	先锋医疗产业信托	AW9U	2006年12月	426.46
40 Parkway life Real Estate	PWLR	百汇生命产业信托	C2PU	2007年8月	2 807.21
41 RHT HealthTrust	RHTH	瑞合医疗保健信托	RF1U	2012年10月	15.54
总计					3 249.21
数据中心					
42 Keppel DC REIT	KEPE	吉宝数据中心信托	AJBU	2014年12月	4 312.69
总计					4 312.69
总市值					114 594.89

注：2019年7月，雅诗阁公寓信托和腾飞酒店信托达成协议，将收购后者，交易预计于四季度完成，其后腾飞酒店信托将退市。

2019年9月4日，华联商业信托（OUE Commercial Trust）合并了华联酒店信托（OUE Hospitality Trust），华联酒店信托于9月17日退市。

2019年9月5日，原"Keppel KBS US REIT"（吉宝KBS美国房地产信托）更名为"Keppel Pacific Oak US REIT"（吉宝太恒美国房地产信托）。

2019年10月21日，置富产业信托（Fortune REIT）在新交所正式自愿除牌，该信托旗下拥有位于中国香港的16个购物中心以及综合体资产。

致谢
ACKNOWLEDGE

我发自内心地要感谢我美丽而可爱的妻子卡门。我之前以为我知道 50 岁之前的幸福是什么，但是你向我展示了真正和深刻的幸福意味着什么。你对他人和我们家人的关心使我成为一个幸福快乐的人。对我来说，人生始于真诚，并在 50 岁之后与你一起让幸福得以升华。

我想感谢我的两个女儿加布里娜和加布里安。你们来到这个世界是上帝给予我们最伟大的恩赐，你们的美丽、哭泣和微笑不断使我们的日常生活变得如此有意义并充满幽默。

我要感谢我的父母——托马斯和玛丽。即使在 50 年后，你们也向我灌输了努力、诚实和正直的美德。

我要感谢我的姐姐杰拉尔丁和吉莉安多年来的相互照顾，并共同学习家庭和爱情的重要性。

我还要感谢我的姐夫迈克尔。你通过爱与耐心向我展示了一位真正的教育家的坚定与努力。

我要感谢易商红木基金管理有限责任公司的首席执行官兼执行董事徐伟贤先生，您特意为本书写了序言。自您担任首席执行官以来，我对您改革、指导和发展易商红木信托的一系列举动非常欣赏。

我还要感谢马歇尔·卡文迪许国际（亚洲）私人有限公司出色的出版团队，尤其是和蔼耐心的总编辑安妮塔·特奥女士。

我要感谢在过去 31 年中，GCP 环球的所有 8 000 名（并且正在增长的）投资者学生。你们参加了我们的 REITs 及其他各种投资课程，你们不断提出的问题继续使我对 REITs 充满信心，同时避免了骄傲自满。

免责声明

本书作者不是律师、会计师，也不是理财顾问。本书阐述的所有内容仅以普及知识为目的。书中提及的内容不是法律意见或财务建议，也不可以替代法律意见或财务建议。如需法律意见和财务建议，请咨询您的律师、会计师和理财顾问。本书作者、GCP 管理有限责任公司及其全资子公司 GCP 环球对于读者可能产生的任何投资损失不承担任何责任。如果您有特别的情况或需求，所有的问题和疑虑请务必咨询您的律师和财务顾问。

过去的业绩不能代表未来的表现。所有 REITs 投资都涉及风险和损失。REITs 投资不能保证一定会盈利，考虑到投资者的差异化，不是所有的 REITs 投资都适合所有人。如果有任何疑虑，请咨询独立的财务顾问。

尽管出版社和作者尽心尽力地出版这本书，为此采取所有必要的措施以尽最大可能地确保书中的内容准确无误，但还是无法保证书中信息的完整、可靠和准确。本书不对任何隐含的商用性和适用性做出保证，也无法为销售代理和任何书面营销材料做出保证。书中的观点和策略可能对个体读者的情况不适用，请务必咨询专业人士。出版社、作者和任何相关公司对任何投资损失或商业损害概不负责，包括并不限于特殊损失、附带损失、相应损失或其他损失。

译者后记
AFTERWORD

本书的出版首先要感谢英文原版的作者——新加坡的叶忠英先生，他是新加坡著名的 REITs 投资专家。通过对新加坡 REITs 市场的深刻洞见，多年以来，他在 S-REITs 投资中取得了优异的业绩，并坚持带领广大投资者学习如何富有成效地投资 S-REITs，因而在业界享有很高的声誉。

叶忠英先生撰写的关于 REITs 投资的文章经常见诸新加坡主要财经媒体端，他所著的 REITs 投资书也受到广大投资者的热烈欢迎。本书是叶忠英先生的最新力作，在波及全球的新冠疫情背景下，他对 S-REITs 市场进行了深刻的总结，能够有效帮助投资者更好地开展 REITs 投资工作。

2017 年 8 月，我代表中国 REITs 联盟受邀赴新加坡参加《时代财智》杂志举办的亚太 REITs 颁奖典礼，并在典礼上做了关于中国 RE-ITs 发展情况的报告。我在会上与叶忠英先生相识，在了解到他在普及 S-REITs 投资方面所做的一系列努力后，我认为应当把他对 S-REITs 的投资心得介绍和引入中国市场，让更多投资者和 REITs 各相关方能够了解海外成熟 REITs 市场的投资理念，并对刚刚开启试点的中国基础设施公募 REITs 市场提供一些值得借鉴的经验。

中国 REITs 联盟的总部设在北京，是由全联房地产商会、清华房地产校友会共同倡议发起的跨产业、跨行业联盟，也得到了中国基金业协会的支持。联盟致力于整合各方资源，促进成员间项目的合作，推动商业地产和资本市场，包括和国际资本市场的对接。

作为中国最早成立和影响范围最为广泛的 REITs 行业组织之一，中国 REITs 联盟多年来致力于推动中国 REITs 行业的进步和与国际 REITs 市场的接轨。通过举办峰会、研讨会和企业考察等各类活动，联盟帮助国内 REITs 市场各参与方增进对国际成熟 REITs 市场的了解，借鉴成熟市场的宝贵经验，并最终形成了具有中国特色的公募 REITs 制度，公募 REITs 试点工作得以顺利开展。

新加坡 REITs 市场的特点是物业类型多种多样，包含商业地产、基础设施等。2021 年 12 月 6 日，新加坡 REITs 市场的总市值约为 1 160 亿新元（约合 5 400 亿元人民币）。

新加坡 REITs 的架构是典型的信托制——外部治理模式，一般由 REITs 原始权益人直接成立 REITs 管理人公司负责该 REIT 的资本运作，聘请银行等托管人进行资产托管，由原始权益人控制的资产运营公司负责底层不动产的经营管理。这一经过市场验证的成熟模式也值得中国 REITs 市场在未来加以借鉴和参考。

在新加坡 REITs 市场，无论是机构投资者还是个人投资者，都趋向于长期持有，2021 年新加坡 REITs 市场整体呈现投资流入大于流出的特征。

截至 2021 年 12 月，共有 18 只海外资产 REITs 在新加坡上市，这表明新加坡 REITs 市场作为亚太地区最具多元化的市场充满了生机和活力，广泛地受到各国资本方和投资人的重视和喜爱，并在不断地通过 REITs IPO 和扩募注入新资产中得以壮大和发展。

中国的 REITs 经过十几年的探索，终于破茧而出。随着基础设施公募 REITs 试点工作的顺利启动，一批高质量项目走向市场，并受到了投资人的高度认可。"路漫漫其修远兮"，希望中国的 REITs 继续高质量发展，创造一个发起人、管理人、投资者共赢的国际大市场。

最后，再次感谢叶忠英先生生动充实的原著。也要感谢在美国的翻译伙伴高茜女士，从她在嘉实基金工作时就积极支持参与 REITs 联盟的各项活动。还有中国 REITs 联盟和北京睿信投资的同事们，是他们协助我完成了中国公募 REITs 的相关部分。另外要特别感谢中信出版社的许志老师的盛情邀请，让我们有机会承担这本好书的翻译工作。同时感谢各位监管层、行业同人以及联盟的会员和朋友，是他们共同推动中国的 REITs 行业登上世界的舞台。

翻译是一个辛苦且细致的工作，欢迎各位读者不吝指正。